CONVERSATIONS

D'UNE MÈRE

AVEC SA FILLE.

FRANÇAIS ET ANGLAIS.

À PARIS,

DE L'IMPRIMERIE DE CRAPELET.

Maman, maman! venez vite, vite...

pag. 9

CONVERSATIONS D'UNE MÈRE AVEC SA FILLE,

EN FRANÇAIS ET EN ANGLAIS,

COMPOSÉES POUR LA MAISON D'ÉDUCATION DE Mᵐᵉ CAMPAN :

DÉDIÉES A MADAME

LOUIS BONAPARTE.

A PARIS,

CHEZ F. LOUIS, LIBRAIRE, RUE DE SAVOIE, Nᵒ 12.

AN XII.

A MADAME

LOUIS BONAPARTE.

Mᴀᴅᴀᴍᴇ,

Ces Conversations doivent paroître sous vos auspices. Composées pour vos anciennes compagnes, votre nom, Mᴀᴅᴀᴍᴇ, en sera le plus précieux ornement. Il leur retracera les qualités aimables et solides qui distinguèrent votre première jeunesse, la simplicité, les graces et les vertus que vous avez déjà fait admirer dans le monde. Daignez donc, Mᴀᴅᴀᴍᴇ, en agréer l'hommage.

Je suis, avec un profond respect,

MADAME,

Votre très-humble et très-obéissant
serviteur,

J. FRANCESCHINI, éditeur.

AVERTISSEMENT DE L'ÉDITEUR.

La grande difficulté en apprenant les langues, est de parvenir à les parler, et à vaincre cette timidité, dont le besoin triomphe si aisément lorsqu'on se trouve transplanté sur une terre étrangère. Il faut donc, quand on n'est pas contraint par la nécessité de parler habituellement la langue que l'on veut apprendre, y suppléer par des moyens artificiels. Lire aux Élèves et les faire lire à haute voix, c'est former en même temps leur prononciation et leur oreille. Mais leur faire apprendre et réciter des scènes familières, est le moyen qui m'a paru le plus propre pour surmonter promptement les difficultés.

Vingt-cinq Dialogues, composés avec soin pour les jeunes Élèves de madame Campan, embrassant toutes les heures de la journée d'une mère tendre qui s'est dévouée à l'éducation de sa fille, fournissent naturellement un vocabulaire extrêmement étendu, et presque toutes ces phrases familières, si sèches et si arides lorsqu'elles sont placées dans des dialogues dépourvus d'intérêt.

On ne doit pas s'attendre à trouver dans ces

conversations familières entre une mère, sa fille et quelques autres interlocuteurs, aucun plan d'éducation. Le Dialogue avec l'Instituteur y est placé comme celui où l'on voit arriver un Chasseur, uniquement pour amener de nouveaux sujets d'entretien, et étendre la nomenclature qui s'y trouve contenue.

Le but moral qui doit accompagner tout ce qui est destiné à l'éducation de jeunes demoiselles, n'y a point été négligé, et l'on ne pouvoit mettre sous leurs yeux un tableau plus intéressant que celui d'une mère qui s'éloigne des plaisirs de la société, et se fixe dans une maison de campagne pour s'y dévouer à l'éducation de sa fille.

Les jeunes personnes qui, après avoir suffisamment acquis la connoissance de la grammaire, se sont empressées d'apprendre et de répéter entre elles ces vingt-cinq Dialogues, ont fait des progrès si marquans dans l'Anglais et dans l'Italien, que j'ai cru rendre un service important aux Maisons d'Éducation en les mettant au jour.

CONVERSATIONS D'UNE MÈRE AVEC SA FILLE.

I.

LE REVEIL.	THE AWAKING.
Mad. MELVILLE, LUCIE, sa fille, âgée de dix ans, et MARIE, sa femme-de-chambre.	Mrs MELVILLE, LUCY, her daughter ten years of age, and MOLLY, her waiting woman.
Lucie et Marie sont dans la pièce qui précède la chambre à coucher.	*Lucy and Molly are in the room adjoining to the bed room.*

LUCIE, *très-haut.*   LUCY, *very loud.*

MAMAN est-elle éveillée ?   Is mamma awake ?

MARIE.   MOLLY.

Elle le sera bientôt, mademoiselle, si vous faites un pareil bruit à sa porte.   She soon will be, miss, if you make such a noise at her door.

LUCIE.   LUCY.

Mais il est bien tard ; depuis deux heures je suis levée.   But it is very late, I have been up these two hours.

MARIE.

Il n'est pas trop tard pour votre maman, qui s'est couchée à une heure après-minuit, et qui a besoin de se reposer. Pour vous, mademoiselle, qui êtes régulièrement au lit à neuf heures du soir, vous avez pu être levée à sept heures sans inconvéniens pour votre santé.

LUCIE.

Ah! je dormirois bien encore à présent, je vous assure.

MARIE.

Vous êtes assez paresseuse pour cela.

LUCIE.

Vous êtes bien polie, mademoiselle, mais heureusement vous vous trompez : on n'est pas paresseuse quand à neuf heures du matin on a appris par cœur trois pages de Mythologie, et passé une heure à étudier son piano.

MARIE.

Pardon pour aujourd'hui, je vois que je me suis trompée, et votre maman n'aura que des complimens à vous faire. Il n'en est pas toujours de même.

MOLLY.

It is not too late for your mamma, who went to bed at one o'clock in the morning, and wants rest. As for you, miss, who are regularly in bed at nine o'clock at night, you may be up at seven without injuring your health.

LUCY.

Ah! I could still sleep, I assure you.

MOLLY.

You are idle enough for that.

LUCY.

You are very polite, but happily you are mistaken : one is not idle when at nine o'clock in the morning, one has learnt by heart three pages of mythology, and passed an hour at the piano-forte.

MOLLY.

Pardon me, I see I am mistaken, and your mamma will only have compliments to make you; this is not always the case.

LUCIE.

Que voulez-vous! les per-
sonnes les mieux elevées sont
quelquefois journalières pour
le travail, et on n'est pas toujours bien disposée.

MARIE.

Vous l'êtes ce matin, à ce
qu'il paroît ?

LUCIE.

Oui, je sens que la jour-
née se passera sans mériter le
moindre reproche de la part
de maman : toutes mes leçons
ront bien, j'en suis sûre.

MARIE.

Ecoutez ; votre maman
ient d'appeler, je crois ?

LUCIE.

Oui, j'entends sa voix.
Quel bonheur ! je n'ai jamais
u tant de desir de la serrer
ans mes bras.

MARIE.

Entrons. (*elle ouvre la
orte.*)

nad. MELVILLE, *de son lit.*

Ouvrez un seul volet. Le
leil doit être très-fort.

LUCY.

Well, what then ! the best
of persons have sometimes
days of work ; one is not
always well disposed for it.

MOLLY.

You are, it seems, this
morning ?

LUCY.

Yes, I feel that this day
will pass without my merit-
ing the least reproach from
mamma ; all my lessons will
go on well, I am sure.

MOLLY.

Hear ! I think your mam-
ma calls.

LUCY.

Yes, I hear her voice ;
what a pleasure ! never did
I wish so much to embrace
her.

MOLLY.

Let us go in. (*she opens
the door.*)

Mrs MELVILLE, *from her bed.*

Open one of the shutters.
The sun must be very high.

LUCIE.

Oh! oui, maman, il fait un temps superbe.

mad. MELVILLE.

Vous êtes ici, petite étourdie?

LUCIE.

Etourdie, oui; mais point paresseuse, car je sais ma leçon et j'ai appris une sonate entière.

mad. MELVILLE.

Venez donc m'embrasser.

LUCIE.

J'y cours.

mad. MELVILLE.

Prenez garde de renverser les meubles, et de vous blesser. Venant de quitter le grand jour, vous ne devez pas y voir.

LUCIE.

Ah! la bougie de nuit éclaire encore parfaitement. Embrassez-moi bien, chère petite maman.

mad. MELVILLE.

De tout mon cœur; une journée bien commencée an-

LUCY.

Oh! yes, mamma, it is a very fine morning.

M.rs MELVILLE.

What! are you here, little giddy-pate?

LUCY.

Giddy, yes; but not idle, for I know my lesson, and have learnt a whole sonata.

M.rs MELVILLE.

Come then and kiss me.

LUCY.

Yes I will.

M.rs MELVILLE.

Take care not to overturn the furniture, and hurt yourself; just quitting the broad day-light, you may not see well.

LUCY.

Oh! the light is still burning; embrace me my dear mamma.

M.rs MELVILLE.

With all my heart: a day well begun foretells that the

-nonce que le reste sera bien employé. Je vois que nous serons bonnes amies jusqu'au soir.

rest will be well employed. I see that we shall be good friends until night.

LUCIE.

Combien cette prédiction me rend joyeuse ! je la réaliserai, je vous assure.

LUCY.

What joy do I feel at this prediction; I will realise it, I assure you.

mad. MELVILLE.

Malgré mes persiennes, le soleil éclaire parfaitement la chambre, ma chère Lucie, et je vois avec regret que votre toilette est bien négligée.

Mrs MELVILLE.

Notwithstanding the persian blinds, the sun enlightens the chamber perfectly well, my dear Lucy, and I see with regret that your dress is very much neglected.

LUCIE.

Maman, je n'ai pas eu le temps de.....

LUCY.

Mamma, I have not had time to.....

mad. MELVILLE.

Il faut toujours prendre le temps nécessaire pour tous les objets de propreté. Je ne parle pas ici de parure, vous n'en avez pas besoin pour apprendre et pour courir dans mon jardin.

Mrs MELVILLE.

One must always find time for whatever relates to cleanliness. I do not now speak of finery, you have no occasion for that, either to study, or run in my garden.

LUCIE.

C'est bien aussi ce que j'ai pensé.

LUCY.

It is just what I thought.

mad. MELVILLE.

Oui ; mais les soins dont je

Mrs MELVILLE.

Yes, but have you not ne-

vous parle, ne les avez-vous pas négligés? Vos mains ont-elles été lavées ce matin?

glected the thing of which I was speaking? have you washed your hands this morning?

LUCIE.

LUCY.

Mes mains : oh ! oui, maman.

My hands! Oh ! yes, mamma.

mad. MELVILLE.

Mrs MELVILLE.

Et vos dents, vous en êtes-vous occupée?

And have you thought of your teeth ?

LUCIE.

LUCY.

De même, je vous assure.

Yes, I assure you.

mad. MELVILLE.

Mrs MELVILLE.

Pourquoi ces cheveux épars? Il est si aisé de les natter, de les faire tenir avec votre peigne. Songez-y bien, Lucie, l'extérieur d'une jeune fille donne aux yeux exercés la facilité de juger l'ensemble de ses bonnes qualités. C'est un moyen sûr de savoir quel est son caractère; si elle est rangée, laborieuse, soigneuse; et les talens, sans toutes ces qualités, ne sont alors qu'une partie de l'éducation, qui se trouve bien insuffisante pour le bonheur intérieur.

But why is your hair loose and in disorder : it is so easy to plat it and keep it up with your comb. Recollect, Lucy, that the first sight of a young person gives to the judicious eye the facility of judging of the assemblage of her good qualities; it is a certain means of knowing what is her natural disposition ; whether she is orderly, industrious, careful; and talents without all these qualifications are but a part of education, which will be found very insufficient for internal happiness.

LUCIE.

LUCY.

J'en suis bien persuadée, maman; mais ne voulez-vous

I am well persuaded of it, mamma ; but will you not

pas faire notre promenade ordinaire avant le déjeuner ?

mad. MELVILLE.

Volontiers ; j'aime dans cette saison la fraîcheur du matin. (*à sa femme-de-chambre.*) Marie, donnez-moi mes bas, mes jarretières et mes souliers.

MARIE.

Les voici, madame.

mad. MELVILLE.

Donnez-moi un jupon de taffetas blanc, et ma robe de mousseline. Vous, Lucie, allez chercher mon chapeau de paille et mes gants ; ils sont sur le canapé, dans mon cabinet.

LUCIE.

J'y cours, maman, et je serai bientôt de retour.

MARIE.

Madame veut-elle arranger ses cheveux, ou mettre une perruque ?

mad. MELVILLE.

Donnez-moi ma perruque; je serai plutôt en état de satisfaire ma Lucie, qui brûle d'envie de courir dans les allées du jardin.

---

come and take your usual walk before breakfast?

Mrs MELVILLE.

Willingly; I like the freshness of the morning in this season. (*to her waiting maid.*) Molly, give me my stockings, garters and shoes.

MOLLY.

Here they are, madam.

Mrs MELVILLE.

Give me also a white lustring petticoat and my muslin gown. Go, Lucy, and fetch my straw hat and my gloves; they are on the sofa in my closet.

LUCY.

I will run, mamma, and shall soon be back.

MOLLY.

Madam, will you have your hair dressed, or will you put on your wig?

Mrs MELVILLE.

Give me my wig; I shall the sooner be able to satisfy my Lucy, who is impatient to be running in the garden.

LUCIE, *revenant avec le chapeau et les gants.*

Voici, maman, ce que vous me demandez.

mad. MELVILLE.

Je vous remercie, Lucie ; suivez-moi, je descends par le petit escalier dans le bosquet de lilas.

LUCIE.

Quel bonheur !

LUCY, *returning with the hat and gloves.*

Here, mamma, is what you asked for.

Mʳˢ MELVILLE.

I thank you, Lucy, follow me, I am going down by the little stair-case to the lilac arbour.

LUCY.

What a pleasure !

II.

<table>
<tr><td>

LA PROMENADE DU MATIN.

Madame MELVILLE et LUCIE.

LUCIE.

Aн ! maman, tous les lilas sont en fleurs ; quelle odeur charmante !

mad. MELVILLE.

Oui ; c'est un plaisir bien pur et bien délicieux que celui de la promenade au commencement de la belle saison.

LUCIE.

Et tous ces oiseaux, les entendez-vous ? ils ont vraiment l'air de vous donner un concert à votre réveil... Maman, maman ! venez vîte, vîte....

mad. MELVILLE.

Eh ! grand dieu, que vous est-il donc arrivé ?

LUCIE.

Maman, c'est un nid dans lequel je vois un petit oiseau charmant.

</td><td>

THE MORNING WALK.

Mistress MELVILLE and LUCY.

LUCY.

Aн ! mamma, all the lilacs are in blossom; what a charming smell !

Mrs MELVILLE.

Yes ; walking in this fine season always gives a pure and delightful pleasure.

LUCY.

And do you hear the birds ? they really seem to give you a concert at your rising..... Mamma, mamma ! come here quick, quick....

Mrs MELVILLE.

Mercy on me ! what is the matter ?

LUCY.

Mamma, here is a nest in which I see a charming little bird.

</td></tr>
</table>

mad. MELVILLE.

C'est une fauvette.

LUCIE.

Comme ses yeux sont brillans! Pauvre petite bête! elle me regarde.

mad. MELVILLE.

Avec inquiétude, soyez-en sûre; elle craint que vous ne veniez troubler son asyle; voyez comme elle a choisi l'endroit le plus reculé, la charmille la plus épaisse; je vous le conseille, si vous avez un bon cœur, ne vous faites pas une habitude de venir troubler cette pauvre petite mère.

LUCIE.

Si j'y revenois souvent, que feroit-elle?

mad. MELVILLE.

Elle déserteroit ce bosquet pour vous fuir, et couver en paix ses petits.

LUCIE.

Je ne viendrai que tous les cinq jours, est-ce trop?

Mrs MELVILLE.

It is a titmouse.

LUCY.

How its eyes sparkle poor little creature, it looks at me.

Mrs MELVILLE.

Not without uneasiness, be assured; it fears you are come to disturb its asylum; see it has chosen the remotest part of the thicket*. I advise you, if you have any goodness of heart, not to come often to trouble this poor little mother.

LUCY.

If I were to come frequently, what would she do?

Mrs MELVILLE.

She would forsake this grove to avoid you, and brood in peace.

LUCY.

I will come but once in five days, will that be too often?

---

* La charmille, the horn beam or hedge beech.

mad. MELVILLE.

Non; en étant aussi discrète, vous aurez le plaisir de voir les petits éclos ouvrir le bec pour demander à manger, se couvrir de plumes, et sortir enfin du nid qui leur sert de berceau.

Mrs MELVILLE.

No, if you are thus discreet, you will have the pleasure of seeing the young ones hatched; open their beaks to ask for food, become fledged and at length quit the nest which served them for their cradle.

LUCIE.

Alors je les mettrai en cage.

LUCY.

I will then put them into a cage.

mad. MELVILLE.

Oh! non, ma Lucie, laissez-leur la liberté et la vie; vous l'avez déjà éprouvé, presque tous les oiseaux nourris par les enfans meurent entre leurs mains; de plus, je n'aime point à les voir en cage; ils me donnent toujours la triste idée de pauvres prisonniers.

Mrs MELVILLE.

Oh no, my Lucy, leave them their liberty and life; you have already had sufficient proof that almost every bird taken care of by children dies under their hands; and what is more, I do not like to see them in cages; they always give me the sad idea of poor prisoners.

LUCIE.

Vous avez pourtant un serin et une perruche dans votre cabinet.

LUCY.

Nevertheless you have a canary bird and a paroquet in your closet.

mad. MELVILLE.

Oui; mais ni l'un ni l'autre ne vivroient dans mes bosquets; ainsi je ne puis me reprocher de les avoir privés de leur liberté.

Mrs MELVILLE.

True; but neither of them could have lived in these groves; therefore I cannot reproach myself with having deprived them of that happiness.

LUCIE.

Pourquoi donc cela ?

mad. MELVILLE.

Parce qu'ils sont nés dans des climats très-chauds, et qu'ils mourroient aux premiers froids de l'automne, s'ils avoient le malheur de s'envoler pour chercher la campagne.

LUCIE.

Et d'où viennent-ils donc ?

mad. MELVILLE.

Votre oncle m'a apporté la perruche à collier rose de Cayenne, et le serin des îles Canaries.

LUCIE.

Ils ont voyagé bien plus que moi.... Mais je n'aurois jamais cru la perruche étrangère; elle parloit français dès le moment de son arrivée.

mad. MELVILLE

Elle vient d'une colonie française, et n'a point entendu parler d'autre langue.

LUCY.

Why so, pray ?

Mrs MELVILLE.

Because they were hatched in very hot climates, and would die in the first cold days of autumn, were they by chance, so unfortunate as to escape into the fields or woods.

LUCY.

Where do they come from then ?

Mrs MELVILLE.

Your uncle brought me the rose-necked paroquet from Cayenne, and the canary bird from the Canary islands.

LUCY.

They have travelled a great deal more than I have; but I should never have suspected the paroquet to have been a foreign bird, for it spoke french the very day of its arrival.

Mrs MELVILLE.

It was brought from a french colony, and never heard any other language spoken.

LUCIE.

Je voudrois bien trouver un nid de rossignols.

mad. MELVILLE.

Ce n'est pas le temps; vous les entendez encore chanter, et ils cessent de nous faire jouir de leur douce mélodie, lorsqu'ils couvent leurs petits.

LUCIE.

Ah! je ne suis plus pressée; j'aime mieux leurs chansons. J'ai vu l'autre jour deux oiseaux charmans; l'un avoit un petit bec tourné comme celui de la perruche, et du noir brillant comme du velours sur la tête.

mad. MELVILLE.

C'étoit un bouvreuil, oiseau susceptible de s'instruire, et disposé à s'attacher à son maître plus que tous les êtres le son espèce.

LUCIE.

L'autre avoit du rouge très-éclatant sur la tête, le bec droit et de grandes plumes blanches sur les ailes.

mad. MELVILLE.

C'est sûrement un char-

LUCY.

I should like to find a nightingale's nest.

Mrs MELVILLE.

This is not the season; you still hear them sing, and they cease their sweet warbling when they begin to build their nests.

LUCY.

Oh! I am not impatient; I prefer hearing them sing. The other day, I saw two lovely birds; one of them had a crooked beak, like that of the paroquet, and the top of its head was of a shining black like velvet.

Mrs MELVILLE.

It was a bullfinch, a bird very susceptible of instruction and more disposed to attach itself to its keeper, than any other being of the feathered race.

LUCY.

The head of the other was partly of a bright scarlet: its beak was straight with large whitish feathers on its wings.

Mrs MELVILLE.

It was certainly a gold-

donneret, dont le ramage est très-agréable, et que beaucoup de gens mettent en cage comme les serins.

finch, a very pretty singing bird, which many people keep in cages as they do canary birds.

LUCIE.

Quel est cet oiseau noir, assez long, et dont le ventre est tout blanc ?

LUCY.

But what bird is that which is black, with rather a long body and white feathers on its belly ?

mad. MELVILLE.

De quel côté ?

Mʳˢ MELVILLE.

Where abouts ?

LUCIE.

Près de vos fenêtres ; il a déjà parcouru deux fois avec une rapidité étonnante la longueur du bâtiment.

LUCY.

Near your windows ; it has already twice flown the whole length of the building with astonishing swiftness.

mad. MELVILLE.

C'est une hirondelle, qui vient reconnoître l'endroit où elle construisit son nid le printemps dernier ; je n'en avois pas encore vu ; leur retour est un gage assuré que nous n'aurons plus à craindre de froids rigoureux, et que la belle saison est établie.

Mʳˢ MELVILLE.

It is a swallow, come to recognise the place where it built its nest last spring ; this is the first I have seen ; their return is a sure sign that we have no more severe cold to fear, and that the spring is very fast approaching.

LUCIE.

Et d'où viennent-elles ?

LUCY.

And from whence do they come ?

mad. MELVILLE.

C'est une question qui n'est

Mʳˢ MELVILLE.

That is a question which

pas encore entièrement décidée; mais ce qui se passe tous les ans sous nos yeux, et dont on ne peut douter, c’est le départ des hirondelles pour des climats plus doux, vers le milieu de l’automne.

is not yet decided. But that which we are witness of every year, and which is beyond all doubt, is the departure of the swallows, about the middle of autumn for a milder climate.

LUCIE.

Comment, on les voit partir? Je n’ai pas encore remarqué cela.

LUCY.

What! are they seen to go away? I have not yet remarked that.

mad. MELVILLE.

Vous n’êtes pas trop dans l’âge où l’on observe, mais je vous promets, cette année, de vous avertir du moment du départ de ces intéressans voyageurs; vous les verrez s’assembler, s’agiter, paroître même tenir une espéce de conseil; et, le même jour, à la même heure, ils s’envolent tous, suivent la même direction, et ne reparoissent que le printemps suivant, pour venir avec soin reconnoître leurs anciens asyles, et y établir de nouveau leur ménage.

Mrs MELVILLE.

You are not yet of an age to make those observations; but I promise, this year, to warn you of the departure of these interessing travellers; you will see them assemble, flutter their wings, hold, as it were, a sort of council, and on the same day, at the same hour, all fly away, follow the same direction, and appear no more till the ensuing spring, when they will return, carefully review their former dwelling, and people them again with their little progeny.

LUCIE.

Cela est vraiment très-curieux, et j’aime beaucoup la fidélité de ces pauvres oiseaux, je les verrai toujours avec intérêt, et même, pendant leur absence, j’aurai soin

LUCY.

This is really very curious, and I am greatly pleased with the fidelity of these poor birds; they will ever appear to me in an interesting light, and even during

de respecter leur habitation. Mais, maman, puisque je vous ai fait tant de questions sur les oiseaux, dites-moi si vous n'avez pas une prédilection pour la gentillesse des pierrots, et la facilité avec laquelle on parvient à les priver.

their absence, I shall be careful not to injure their habitation. But, mamma, since I have asked you so many questions concerning birds, pray tell me whether you have not a partiality for sparrows, on account of their sprightliness, and the facility of taming them.

mad. MELVILLE.

On les persécute pourtant beaucoup dans les champs; comme ils sont fort nombreux et très-gourmands, les cultivateurs les détruisent autant qu'ils le peuvent, et lorsqu'ils sont privés et ont le triste avantage de servir à l'amusement des enfans, ils périssent presque toujours par la griffe du chat, ou quelqu'autre accident semblable.

Mrs MELVILLE.

They are however very much persecuted in the fields, being very numerous, and very greedy; the husbandmen destroy as many of them as they can, and when they are tamed, they have only the sad advantage of serving for the amusement of children; and generally perish by the claws of the cat or some similar accident.

LUCIE.

Ah! j'en ai perdu deux, l'année dernière, qui étoient charmans, et je ne veux plus en avoir; j'ai été trop sensible à ce malheur.

LUCY.

Oh! I lost two charming ones last year; I will have no more, for I too sensibly felt the misfortune of being deprived of them.

mad. MELVILLE.

Vous êtes bien heureuse, ma Lucie! de ranger ce petit événement au nombre des infortunes; c'est une preuve que votre jeune cœur n'a encore éprouvé aucune peine bien vive.

Mrs MELVILLE.

You are very happy, my Lucy, to be able to rank this little incident in the number of your misfortunes; it is a proof that your young heart has not yet experienced any severe pain.

LUCIE.

Grace à vous, maman, quand je suis bien sage, je ne connois que le bonheur et les plaisirs.

mad. MELVILLE.

Je prolongerai pour vous cette existence aussi long-temps que je le pourrai.

LUCIE.

J'en serai toujours assurée, tant que je ne vous quitterai pas. (*elle embrasse sa maman.*) La grille du jardin fleuriste est ouverte, le jardinier y est sans doute; entrons-y pour cueillir des fleurs: toutes celles des vases du salon sont fanées. Le voulez-vous bien, maman?

mad. MELVILLE.

Très-volontiers; j'aime à cueillir des fleurs autant que vous; ce goût ne m'a point quittée avec la jeunesse.

LUCIE.

Ah! maman, vous êtes toujours jeune; je ne puis supporter de vous entendre dire autrement.

LUCY.

Thanks to you, mamma, when I am good, I experience nothing but pleasure and happiness.

Mrs MELVILLE.

I will prolong this mode of existence for you as long as I can.

LUCY.

I shall always be assured of it whilst I remain with you. (*she embraces her mamma*) But the iron-gate of the flower garden is open; the gardener is without doubt there; let us go in and gather some flowers, all those in the vases, in the saloon, are faded. Will you go in, mamma?

M[rs] MELVILLE.

Willingly; I am as fond of gathering flowers as you are, and although I am no longer young, this taste has not yet quitted me.

LUCY.

Oh! mamma, you are still young; I cannot bear to hear you say otherwise.

III.

## LE	## THE
## JARDIN FLEURISTE.	## FLOWER GARDEN.

Mad. MELVILLE, LUCIE, et PIERRE, jardinier.	Mrs MELVILLE, LUCY, and PETER, the gardener.

mad. MELVILLE.

Mrs MELVILLE.

PIERRE, venez aider à ma Lucie à cueillir des fleurs; elle en désire beaucoup.

PETER, help my daughter to gather some flowers; she wishes to have a great many.

PIERRE.

PETER.

Vous le voyez, madame, j'ai de quoi la satisfaire.

You see, madam, I have wherewithal to satisfy her.

mad. MELVILLE.

Mrs MELVILLE.

Qu'avez-vous sous les châssis?

What have you got under those frames?

PIERRE.

PETER.

De l'héliothrope, des jacintes d'Hollande, du jasmin d'Espagne, et même un petit oranger en fleurs.

Heliotropes, dutch-hyacinths, spanish-jasmine, and even a small orange-tree in blossom.

LUCIE.

LUCY.

Pourquoi donc ces fleurs sont-elles sous des châssis? j'en vois tant d'autres dans le jardin.

Why are those flowers under frames, when I see so many others in the garden?

mad. MELVILLE.

C'est pour nous en faire jouir plus promptement. La chaleur du fumier dans lequel elles sont plantées, et celle des rayons du soleil qui dardent sur ces vitrages, produisent presque l'effet d'une serre chaude.

LUCIE.

C'est bien ingénieux ; et Pierre travaille toute la journée pour nous procurer ce plaisir ?

mad. MELVILLE.

Vous le savez, rien ne s'obtient sans peine, et toutes les jouissances sont toujours précédées d'un travail quelconque.

LUCIE.

Je suis bien heureuse que Pierre se soit chargé de celui-là ; car j'aime beaucoup les fleurs qu'il me cueille, et je ne serois pas en état d'en faire croître une seule.

mad. MELVILLE.

Oui ; mais pour que Pierre vous rende ce service, il faut que votre papa soit dans son bureau dès sept heures du matin, corresponde avec tous les

Mrs MELVILLE.

That we may enjoy them the sooner, by means of the heat of the manure in which they are planted, and that of the sun's rays which darting on these saches, produce nearly the effect of a hot-house.

LUCY.

It is very ingenious, and Peter works all day to procure us this pleasure ?

Mrs MELVILLE.

You know that nothing is obtained without trouble, and every enjoyment is preceded by some kind of labour.

LUCY.

I am very happy that Peter is charged with that ; for I am very fond of the flowers he gathers for me, and I should not be able to make one grow myself.

Mrs MELVILLE.

Yes, but in order that Peter may do you this service, your papa is obliged to be in his counting-house by seven in the morning ; he must also

négocians de l'Europe, et même des autres parties du monde, se condamne à ne jouir de cette maison et de ces jardins qu'il a fait construire, qu'aux heures où ses devoirs sont terminés : sans cela, pourroit-il donner des appointemens à Pierre ? acheter tous ces châssis, toutes ces fleurs ?

LUCIE.

Papa se donne donc toutes ces peines pour nous ?

mad. MELVILLE.

Il jouit, croyez-le, des plaisirs qu'il vous procure, et donnant peu de momens à la campagne qu'il aime beaucoup, chaque fois qu'il y vient, c'est une vraie fête pour lui.

PIERRE.

Mademoiselle, voici votre bouquet.

LUCIE.

Il est charmant ; mais il m'en faut encore plus, j'ai quatre grands vases à remplir.

PIERRE.

Nous allons voir dans le

correspond with all the merchants in Europe, as well as in other parts of the world, renounce the enjoyment of this house which he has built, and these gardens which he has laid out, except at certain hours when his business is ended; otherwise could he pay Peter his wages, buy all these frames, all these flowers ?

LUCY.

Papa then gives himself all this trouble for us ?

Mrs MELVILLE.

Believe me, he enjoys the pleasure he procures us, and as he spends but little time in the country, which he likes very much, every time he comes, it is quite a feast for him.

PETER.

Miss, here is your nosegay.

LUCY.

It is charming, but I must have still more, I have four large vases to fill.

PETER.

We will go and see in the

jardin; voulez-vous des lilas, du chèvrefeuille, du jasmin jaune? Cette grande fleur violette, qu'on appelle iris, vous fait-elle plaisir?

LUCIE.

Oui, oui, donnez-moi de tout cela, et beaucoup. Qu'avez-vous sous ces toiles soutenues par des cerceaux?

PIERRE.

Ah! mademoiselle, ce sont des trésors, il ne faut pas cueillir cela; vous voyez dans cette planche certains oignons de tulipes dont les amateurs donneroient cinquante louis.

LUCIE.

Ce sont donc des fous, car ces fleurs n'ont aucune odeur, et ces belles roses qui croissent partout sont bien préférables.

mad. MELVILLE.

Vous avez raison de regarder ce goût pour les belles tulipes comme une folie, ma chère Lucie, car c'est une passion, et toutes celles qui s'emparent du cœur de l'homme sont bien près de détruire son jugement.

LUCY.

garden; will you have some lilacs, honey-suckles, yellow jasmine? do you like this large violet flower called iris?

LUCY.

Yes, yes, give me a great many of all those flowers. What have you got under those tents supported by hoops?

PETER.

Oh! miss, they are treasures which must not be gathered; you see in this bed certain bulbs, or tulip roots, for which amateurs would give fifty guineas.

LUCY.

Such people then must be mad, for those flowers have no smell at all, and those fine roses which grow every where, are much more preferable.

Mrs MELVILLE.

You are right, my dear Lucy, to regard this taste for fine tulips as a madness, for it is a passion; and all those which take possession of the heart of man, are very near destroying his judgment.

LUCIE.

Maman, concevez-vous ce que dit Pierre, donner cinquante louis pour une tulipe !

mad. MELVILLE.

Et si vous saviez encore que cette manie emploie tout le temps des gens qui s'y livrent, leur fait passer des heures en contemplation vis-à-vis d'une fleur....

LUCIE.

Si je rencontrois un de ces amateurs passionnés, je ne pourrois m'empêcher d'en rire.

mad. MELVILLE.

La seule idée consolante, c'est qu'ils y trouvent réellement du bonheur.

LUCIE.

Je leur souhaite bien du plaisir. Pierre, puisqu'il faut respecter votre trésor, donnez-moi donc d'autres fleurs; je désirerois de grosses roses, de beaux œillets.

PIERRE.

Tout cela ne sera épanoui

LUCY.

But, mamma, can you conceive what Peter says, fifty guineas for a tulip !

Mᵣˢ MELVILLE.

And if you knew also that this species of madness occupies all the time of those people, who give way to it, and makes them pass whole hours in contemplating a flower.

LUCY.

If I were to meet with one of those passionate admirers of flowers, I should not be able to refrain from laughing at him.

Mᵣˢ MELVILLE.

The only consolatory idea is, that they really find a sort of happiness in it.

LUCY.

I wish them a great deal of pleasure. But, Peter, since your treasure must be respected, give me some other flowers: I should like to have some large roses and fine pinks.

PETER.

They will not be blown

que dans quinze jours, mademoiselle ; mais je puis vous donner des roses pompons, de la mignardise, des oreilles d'ours.

this fortnight, miss, but I can give you some may roses, some pretty little pinks and some auriculas.

LUCIE.

LUCY.

Ah ! c'est charmant ; et ces belles grenades que j'aime tant !

Ah ! they are very pretty, and those pome - granate flowers which I am so fond of.

PIERRE.

PETER.

Ah ! mademoiselle, il faut encore les attendre au moins six semaines.

You must wait for them, miss, at least, six weeks longer.

LUCIE.

LUCY.

Eh bien ! des lis, en avez-vous ?

Well then, have you any lilies ?

PIERRE.

PETER.

Non, mademoiselle, regardez, vous en avez deux pieds tout près de vous.

No, miss, see, there are two plants very near you.

LUCIE.

LUCY.

Quoi ! les tiges ne sont pas plus hautes ?

What ! are the stalks no higher yet ?

PIERRE.

PETER.

Il faut encore un mois avant leur épanouissement ; je pourrai alors vous donner de la tubéreuse, de belles juliennes violettes et blanches, et de la giroflée rouge de la plus belle qualité.

It will be a month before they blow. I shall then be able to give you some tuberoses, some fine white and violet rockets and some stocks of the finest quality.

LUCIE.

Ah ! je me souviens de ces fleurs, elles ont un parfum délicieux. Pierre, il me faut un panier : je ne puis plus porter mon bouquet.

PIERRE.

En voici un, mademoiselle, et de plus, douze belles renoncules et autant d'anémones.

LUCIE.

Grand merci, Pierre ; je suis enchantée de mon panier. Quelle fraîcheur ! Quelle odeur délicieuse !

LUCY.

Ah ! I remember those flowers, they leave a delightful smell. But, Peter, I must have a basket; I cannot carry my nosegay any longer.

PETER.

Here is one, miss, with a dozen beautiful renunculuses and as many anemonies.

LUCY.

I thank you, Peter; I am delighted with my basket, its freshness, and its fragrance.

IV.

<table>
<tr><td>

LE POTAGER.

LES MÊMES.

</td><td>

THE KITCHEN GARDEN.

THE SAME PERSONS.

</td></tr>
<tr><td>

mad. MELVILLE.

PIERRE, prenez le panier de fleurs de ma fille; nous ne déjeunerons qu'à dix heures; nous avons encore une demi-heure à donner à notre promenade; je veux visiter mon jardin potager, voir mes serres-chaudes, mes châssis.

</td><td>

Mrs MELVILLE.

PETER, take my daughter's basket of flowers; we shall not breakfast till ten o'clock, and as we can continue our walk half an hour longer, I will visit my kitchen garden, see my hot-house, and my hot-beds.

</td></tr>
<tr><td>

PIERRE.

Par ici, madame, voici le plus court; cette allée mène à la petite porte en face de la pièce d'eau.

</td><td>

PETER.

This is the shortest way, madam; this walk leads to the little door, opposite the piece of water.

</td></tr>
<tr><td>

LUCIE.

Ah! maman, le bel espalier tout couvert de fleurs couleur de rose, elles sont aussi jolies que celles de mon panier.

</td><td>

LUCY.

Oh! mamma, what a fine espalier (*) all covered with pink flowers as pretty as those in my basket.

</td></tr>
<tr><td>

mad. MELVILLE.

Il seroit fâcheux de se donner le plaisir d'en cueillir; car

</td><td>

Mrs MELVILLE.

It would be a pity to pluck these flowers merely for the

</td></tr>
</table>

---

* A wall fruit tree.

chacune de ces fleurs doit nous donner une pêche superbe.

PIERRE.

Hier cependant, madame, j'aurois pu en présenter un bouquet à mademoiselle, car j'ai coupé les branches inutiles, quoique toutes fleuries.

LUCIE.

Si je l'avois su, je serois venue vous en demander, car j'aime ces fleurs à la folie.

mad. MELVILLE.

Et le fruit qui les remplace ?

LUCIE.

Tout autant. J'ai même trouvé que la pêche figure dans les potagers avec la même supériorité que la rose dans nos parterres : et le fraisier modeste, et souvent caché sous l'herbe, donne un fruit si délicieux, qu'il me rappelle aussi la simple violette dont le parfum égale celui des plus superbes fleurs.

mad. MELVILLE.

Vous êtes heureuse en com-

---

pleasure of possessing them; for each of them will probably produce a fine peach.

PETER.

I could however, madam, have presented miss with a nosegay of them yesterday, for I lopped several of the useless branches, although they were covered with blossoms.

LUCY.

Had I known that, I would have come and asked you for some, for I am exceedingly fond of them.

Mrs MELVILLE.

And the fruit which succeeds them?

LUCY.

It pleases me full as well; I have remarked that the peach holds the same rank in kitchen-gardens as the rose does in our parterres; and the modest strawberry plant, often hidden beneath the grass, yields a most delicious fruit, and reminds me of the humble violet, the sweet smell of which equals that of the finest flowers.

Mrs MELVILLE.

You are very happy in

paraison; celle-ci est fort jus-te. Pierre, que pensez-vous de la vigne?

your comparisons, and I think this a very just one. Peter, what do you think of the vine?

PIERRE.

Madame, vous le savez, on n'est sûr de son succès que bien tard; jusqu'à présent elle va très-bien.

PETER.

You know, madam, one cannot be sure of its success till very late, but at present it goes on very well.

mad. MELVILLE.

Et les cerises, les abricots, les prunes?

Mrs MELVILLE.

And the cherries, apricots and plumbs?

PIERRE.

Il ne faut pas compter, cette année, sur les abricots à plein vent. Une gelée que nous avons eue dans les premiers jours d'avril, les a tous brûlés; mais madame en aura à ses espaliers.

PETER.

The standard apricot trees are not to be depended upon this year. A frost in the beginning of april nipped them all; but, madam, your espaliers will bear.

mad. MELVILLE.

Et les cerises?

Mrs MELVILLE.

And the cherries?

PIERRE.

Regardez, madame, ce joli arbre près de vous, il est chargé de fleurs.

PETER.

Look, ma'am, at that pretty tree near you, it is in full blossom.

LUCIE.

Ah! c'est le bouquet d'une mariée.

LUCY.

Ah! it is a nosegay fit for a bride.

mad. MELVILLE.

Et les pommes? je m'y in-

Mrs MELVILLE.

And the apples? I am in-

téresse. Lorsqu'on a des terres en Normandie, on parle de ce fruit avec la même inquiétude que les Bourguignons éprouvent pour leurs vignes.

PIERRE.

C'est juste, madame, car c'est la récolte du pays et la boisson du cultivateur ; je crois pouvoir vous assurer qu'il y aura abondance de pommes et de poires. L'année sera bonne : c'est une légère perte que celle des abricots.

mad. MELVILLE.

Oui ; mais je regretterois les prunes, celles de reine-claude sur-tout.

LUCIE.

Ah! maman, j'aime bien aussi la mirabelle. Ah! dieu, j'allois oublier, Pierre, de vous prier de mettre dans mon panier une centaine de feuilles de mûrier, pour mes vers-à-soie; ils sont déjà assez forts, et mangent beaucoup.

PIERRE.

Je vais prendre l'échelle, mademoiselle, et ce sera bientôt cueilli.

terested for them, they who have estates in Normandy, speak of this fruit with the same solicitude as the Burgundians do of their grapes.

PETER.

True, madam; they are indeed the harvest of the country, and the drink of the cultivators. I think I may venture to assure you there will be abundance of apples and pears this year, as to apricots, the loss of them will be but trifling.

Mrs MELVILLE.

Yes, but I should regret the want of plumbs, especially green gages.

LUCY.

Ah! mamma, I am also very fond of meribils. Bless me, I had nearly forgotten, Peter, to beg you to put some mulberry leaves into my basket, for my silk worms; they are already pretty strong and eat a great deal.

PETER.

I am going to fetch the ladder, miss, and they will soon be gathered.

mad. MELVILLE.

Visitons, pendant ce temps-là, ce petit bois que vous préfériez, il y a quatre ans, à toutes les beautés de mon jardin.

LUCIE.

Ah! ces allées où sont réunis tous les groseilliers et les framboisiers?

mad. MELVILLE.

Précisément.

LUCIE.

Je vous assure, maman, que je leur rendrai encore visite avec délice quand les framboises et les groseilles seront mûres.

mad. MELVILLE.

Ils seront couverts de fruits.

PIERRE.

Mademoiselle, vos feuilles sont dans le panier. Si vous voulez, madame, nous allons parcourir les planches du jardin; elles sont superbes. Voyez d'abord ces fosses qui contiennent vos asperges; elles sont grosses comme le pouce: on en servira à madame dimanche prochain.

Mrs MELVILLE.

In the mean time, let us visit this little wood which, four years ago, you prefered to all the beauties of my garden.

LUCY.

Oh! those walks where the gooseberry currant and raspberrey bushes grow all together?

Mrs MELVILLE.

The very place.

LUCY.

I assure you, mamma, I will most joyfully pay them a visit when the raspberries currants and gooseberries are ripe.

Mrs MELVILLE.

They will be laden with fruit.

PETER.

Miss, your leaves are in the basket. If you please, madam, we will look at the beds, which are in fine order. Observe, in the first place, this bed of asparagus; each head is as thick as my thumb: you shall have a dish of them next sunday.

LUCIE.

Je les aime assez, parce qu'elles précèdent les petits pois.

PIERRE.

Eh bien, mademoiselle, les petits pois sont déjà en fleurs; ils y restent long-temps, mais dans six semaines vous en aurez avec abondance.

LUCIE.

J'en ai déjà mangé deux fois.

PIERRE.

Je le sais bien; aussi étoient-ils venus sous mes châssis.

mad. MELVILLE.

Et les fèves blanches, Pierre, quand m'en donnerez-vous?

PIERRE.

Beaucoup plus tard, madame; après les fèves de marais.

LUCIE.

Sont-elles en fleurs?

PIERRE.

Non, mademoiselle, elles

LUCY.

I like them pretty well, because they are in season before green peas.

PETER.

Well, miss, the peas are already in blossom; they remain long in that state; but in six weeks you will have plenty of them.

LUCY.

I have eaten twice of them already.

PETER.

I know that very well, but they were produced from under my frames.

Mrs MELVILLE.

And when shall we taste your kidney-beans, Peter?

PETER.

Much latter, madam; after the garden beans.

LUCY.

Are they in blossom?

PETER.

No, miss, they do not blos-

ne fleurissent qu'au milieu de l'été.

som till the middle of summer.

mad. MELVILLE.

Mrs MELVILLE.

Voici de charmantes laitues.

Here are some beautiful lettuces.

PIERRE.

PETER.

Oui, madame, elles sont panachées, et d'une couleur semblable à la rose.

Yes, madam, they are streaked, and of a fine rose colour.

mad. MELVILLE.

Mrs MELVILLE.

Avez-vous des laitues-romaines?

Have you any roman lettuces?

PIERRE.

PETER.

Madame en a déjà mangé, ainsi que de la chicorée.

Madam, you have already eaten some, as well as endive.

mad. MELVILLE.

Mrs MELVILLE.

Ai-je beaucoup de céleri? vous savez que je l'aime infiniment.

Is there much celery? you know how partial I am to that root.

PIERRE.

PETER.

Vous en aurez beaucoup, madame, ainsi que des betteraves; et je vous prie d'admirer ces six planches de carottes de Flandres, et celles d'oignons qui sont de l'autre côté.

You will have a great deal, madam, as well as of beet root; but pray, admire those six beds of fiemish carrots, and those of onions, on the other side.

mad. MELVILLE.

Mrs MELVILLE.

Elles sont très-belles; je

They are very fine, but I

ne vois point celles de na-
vets et d'épinards : je désire
aussi du cerfeuil et du per-
sil.

PIERRE.

A votre droite, madame,
tout cela est venu.

mad. MELVILLE.

Ah, oui, c'est vrai; quand
viennent les choux-fleurs?

PIERRE.

Assez tard aussi, madame;
mais j'ai déjà des choux nouveaux fort avancés, et des
choux rouges très-gros.

mad. MELVILLE.

Le plant d'artichauts n'a
pas été gelé cet hiver?

PIERRE.

Pas un seul pied, madame;
ils commencent déjà à mar-
quer;il y en aura une grande
quantité.

mad. MELVILLE.

Allons voir les figuiers, et
l'inspection du jardin sera
complète ; nous passerons
après à la serre chaude et aux
châssis.

see no turnips, nor spinage:
I wish also for some chervil
and parsley.

PETER.

On your right, madam,
you will see all you mention.

Mrs MELVILLE.

Ah! it is true; when will
the cauliflowers be fit to eat?

PETER.

Rather late also, ma'am,
but I have some young
sprouts already pretty forward, and some large red
cabbages.

Mrs MELVILLE.

Has not the bed of artichokes suffered from the frost
this winter?

PETER.

Not a single root, madam;
they begin to shoot already;
there will be a great quantity
of them.

Mrs MELVILLE.

Let us go and see the fig-
trees, the inspection of the
garden will then be complete;
we will afterwards visit the
hot-house and the frames.

LUCIE.

A la bonne heure, car j'avoue que tout ce qui est légume m'intéresse bien peu.

mad. MELVILLE.

Je ne m'en apperçois pas à table cependant.

LUCIE.

C'est le seul moment où je m'en occupe.

mad. MELVILLE.

Heureusement que Pierre et moi savons y penser dans d'autres instans, car votre dîner seroit bien triste, puisque je ne vous permets pas encore de manger de la viande.

LUCIE.

Mais, maman, dans cela comme dans toute autre chose, que deviendrois-je sans vous?

LUCY.

Willingly, for I confess vegetables interest me but little.

Mrs MELVILLE.

It does not, however, appear so at table.

LUCY.

That is the only time I care for them.

Mrs MELVILLE.

It is lucky, that Peter and I think of them at other times; otherwise your dinner would be very indifferent as I do not yet permit you to eat meat.

LUCY.

But, mamma, in that as well as in every other case, what would become of me without you?

LA SERRE CHAUDE.

LES MÊMES.

L U C I E.

AH! qu'il fait chaud! à peine peut-on respirer.

P I E R R E.

C'est qu'on allume ici du feu trois fois par jour; sans cela, tout ce que vous y voyez périroit.

L U C I E.

Ce seroit bien dommage; quelle odeur délicieuse!

P I E R R E.

Elle vient des jasmins d'Arabie, et des grands orangers qui sont en pleine fleur.

L U C I E.

Je viens ici bien rarement, maman; nommez-moi quelques-unes de ces plantes qui me paroissent fort curieuses.

mad. MELVILLE.

Ma mémoire se trouvera

THE HOT-HOUSE.

THE SAME PERSONS.

L U C Y.

AH! how hot it is! I can scarcely breathe.

P E T E R.

It is because we light a fire here three times a day, or else all you see would perish.

L U C Y.

It would be a great pity; what a delicious smell!

P E T E R.

It is the arabian-jasmines and those large orange-trees which are in full blosson.

L U C Y.

I come here very seldom, mamma, tell me the names of some of those plants, which appear very curious to me.

Mʳˢ MELVILLE.

My memory, perhaps, may

peut-être en défaut, mais j'aurai recours à celle de Pierre.

fail me, but I shall have recourse to that of Peter.

PIERRE.

PETER.

Ah ! madame en sait plus que moi, et l'explique beaucoup mieux.

Oh ! you madam, know more than I do, and can explain it much better.

mad. MELVILLE.

Mrs MELVILLE.

Voici à votre droite le cafier, cet arbre précieux qui nous procure une boisson dont l'usage est devenu presqu'une nécessité; il croît de huit à neuf pieds ; son écorce est blanchâtre, fine, et se gerce en se desséchant ; les feuilles ressemblent à celles du laurier, et n'ont point d'odeur.

Here at your right is the coffee-tree ; that precious plant which procures us a beverage, which use has rendered almost necessary. It grows from eight to nine feet high; its bark is whitish and thin, and splits as it dries; its leaves are like those of the laurel, and have no smell.

LUCIE.

LUCY.

Ses fleurs sont blanches et se rapprochent un peu de celles du jasmin d'Espagne.

Its blossom is white, and is something like the spanish-jasmine.

mad. MELVILLE.

Mrs MELVILLE.

Quelquefois elles sont d'un rouge pâle ; le fruit qui succède est une espèce de petite cerise, d'abord verte, puis rouge dans sa parfaite maturité, qui contient deux petites coques étroitement unies ensemble, dans lesquelles sont deux demi-fèves ; c'est la graine connue sous le nom de café.

It is some times of a pale red ; the fruit which succeeds it, is a kind of small cherry, which at first is green, and afterwards in its perfect maturity becomes red ; it contains two small shells closely joined together, in which are two half beans; that is the grain known by the name of coffee.

LUCIE.

Et quelle est cette plante droite et sans feuilles, qui monte jusqu'au haut de la serre ?

mad. MELVILLE.

C'est le cierge pascal. A-t-il d'autre nom, Pierre ?

PIERRE.

Oui, madame; nous l'appelons aussi cierge épineux, et *cereus peruvianus* en latin, parce qu'il vient du Pérou. On en compte treize espèces différentes; celle - ci s'élève dans nos serres jusqu'à trente pieds.

LUCIE.

Cette plante n'est point du tout agréable.

mad. MELVILLE.

C'est purement un objet de curiosité. Examinez par ici le thé de la Chine ; c'est un arbrisseau touffu et rameux, fort agréable : il croît de cinq à six pieds ; ses fleurs ressemblent à celles du rosier sauvage. Il en existe quatre espèces connues à la Chine ou au Japon; mais il y a beaucoup d'autres plantes d'Amé-

LUCY.

And what is that straight plant which has no leaves, and rises to the top of the hot-house ?

Mrs MELVILLE.

It is vulgarly called the paschal taper. Has it any other name, Peter ?

PETER.

Yes, madame, we call it also the prickly taper and *cereus peruvianus* in latin, because it comes from Peru; there are thirteen different species; this grows in our hot-houses to the height of thirty feet.

LUCY.

It is not a pretty plant at all.

Mrs MELVILLE.

It is merely an object of curiosity; look at the china tea plant; it is a thick, branchy and very pleasant shrub; it grows to the height of five or six feet; its leaves resemble those of the wild-rose-tree. There are four kinds known in China or Japan, but there are many other American and even African plants, the

rique, ou même d'Afrique, dont les feuilles servent au même usage.

LUCIE.

Ah! maman, voici le bananier, j'en suis sûre. Depuis que vous m'avez lu quelques passages de Paul et Virginie, je n'ai jamais oublié cet arbre.

mad. MELVILLE.

C'est que l'auteur a su, par la seule magie de son style, peindre à vos yeux, et que c'est la manière la plus sûre de graver dans la mémoire.

LUCIE.

Et par ici, quels sont ces roseaux?

mad. MELVILLE.

Ce sont des cannes à sucre, une des plus grandes richesses du Nouveau-Monde. Elles y furent transportées de la Sicile. Il paroît que cette plante étoit originaire de quelque contrée d'Asie ou d'Afrique; mais on est sûr au moins que dans les beaux temps de la Grèce et de Rome, l'usage n'en étoit point connu, puisque le miel servoit à préparer les mets dans lesquels on a depuis fait usage du sucre.

leaves of which serve for the same purpose.

LUCY.

Ah! mamma, here is the banna-tree. I am sure, since you read me a few pages of Paul and Virginia, I have never forgotten that tree.

Mrs MELVILLE.

It is because the author painted you, by the magic of his style alone, a living picture, which is the only means of impressing the subject on the memory.

LUCY.

And what are those reeds on this side?

Mrs MELVILLE.

They are sugar-canes; one of the greatest riches of the New-World; where they were transported from Sicily. It seems that this plant came originally from some part of Asia or Africa; but we are sure, however, that in the most flourishing days of Greece and Rome, its use was intirely unknown, for they prepared with honey those dainties for which we now use sugar.

LUCIE.

Je suis charmée que cette découverte ait été faite avant moi, car le miel ne vaudroit sûrement pas le sucre en poudre que nous employons pour manger nos fraises, et qui sert à tant de choses excellentes. Quel est ce grand palmier?

mad. MELVILLE.

C'est un arbre si intéressant, que j'aurois à parler long-temps pour vous faire connoître toute son utilité; et je crains que l'heure du déjeûner ne diminue un peu votre curiosité, car je viens d'entendre sonner dix heures.

LUCIE.

Oh! non, maman, j'attendrai bien une demi-heure de plus; et ce que vous m'avez dit me donne un desir bien vif de connoître les propriétés de cet arbre. Croît-il bien haut dans son sol naturel?

mad. MELVILLE.

Plus qu'ici; cependant celui que je possède est un des plus beaux que j'aie vu.

LUCIE.

Eh bien! maman, quelles

LUCY.

I am delighted that this discovery was made before I was born: for honey is certainly not so good as the powdered sugar we eat with strawberries, and which is so useful in many excellent things. But what is that large palm-tree?

Mrs MELVILLE.

It is so interesting a tree that I should be obliged to say a great deal about it in order to make you acquainted with its utility; but I fear that breakfast hour will diminish your curiosity, for I just heard the clock strike ten.

LUCY.

O! no mamma! I can wait half an hour longer, and what you have just said gives me a great desire to know the properties of this tree. Does it grow very higth in its natural soil?

Mrs MELVILLE.

Higher than it does here; however that which I have, is one of the finest I ever saw.

LUCY.

Well, mamma, what are

sont donc les qualités merveilleuses de ce palmier ?

the extraordinary qualities of this tree ?

mad. MELVILLE.

Mrs MELVILLE.

On l'appelle cocotier ; en le créant, la nature semble avoir prévu presque tous les besoins de l'homme, même en société. Vous aurez de la peine à le croire, mais bien véritablement il produit vingt choses de la plus grande utilité. Son fruit, qui est de la grosseur de la tête d'un homme, étant vert, est rempli d'une eau très-claire et très-saine ; mûr, il donne une moelle délicieuse à manger ; en la délayant, on en obtient un excellent lait d'amande ; l'enveloppe de cette moelle est aussi dure, aussi polie qu'un caillou ; on en fait des vases de ménage assez grands, et des bijoux fort agréables.

It is called the cocoa-tree ; nature in creating it seems to have foreseen all the wants of man, even in society ; you will scarcely believe me, when I tell you it produces twenty things of the greatest utility. Its fruit, which is of the size of a man's head, when it is green, is full of a clear and very wholesome liquor ; when it is ripe, it produces a pulp delicious to the taste ; by diluting it one procure an excellent almond milk ; the shell, which contains this pulp, is as hard, and as smooth as a flint ; household vessels and very pretty toys are made of them.

LUCIE.

LUCY.

Oui ; j'ai un jeu de quilles charmant contenu dans un coco.

Yes, I have a charming set of nine pins contained in the shell of a cocoa nut.

mad. MELVILLE.

Mrs MELVILLE.

C'est à Dieppe qu'on sait en tirer parti de cette manière et de plusieurs autres fort ingénieuses ; mais continuons. Cette moelle dont je vous ai déjà parlé, produit aussi de l'huile ; on fait de la

At Dieppe they make those things in a very ingenious manner ; but let us continue : The pulp, which I have already mentioned to you, produces also oil ; with the wad, which incloses the cocoa,

ficelle et même des cables avec la bourre qui enveloppe le coco ; elle sert encore à calfater les navires : les feuilles sont employées à couvrir les cabanes des Indiens, et ils en font des voiles pour leurs pirogues ; des branches s'arrangent en parasols charmans ; on en fait des nattes fort commodes ; la partie de l'arbre d'où sortent les branches, est environnée de plusieurs couches de fibres dont on fait de jolis tamis pour passer les liquides ; en coupant le bout des rameaux, il en découle une sève qui produit le vin de palmier, fort agréable et très-rafraîchissant ; en l'exposant au soleil, on en obtient un bon vinaigre ; par la distillation, il produit de l'eau-de-vie semblable au rack ; cette même liqueur, par le moyen de l'évaporation, dépose de très-bon sucre. Au sommet de l'arbre croît un chou palmiste, aussi agréable à manger que le légume de ce nom qui vient dans nos jardins ; son bois sert à la construction des maisons et des navires ; et enfin en faisant infuser la râpure de ses branches, elle produit de fort bonne encre.

they make cords and even cables, they likewise make use of it to calk ships ; the Indians cover their huts with its leaves, and make sails of them for their canoes, the branches form delightful parasols, and very convenient mats ; the part of the tree where the branches grow is covered with several fibrous coats, with which they make pretty sieves to strain liquids ; by cuting the ends of the boughs there runs out a sap which produces the palm-tree wine, very agreable to the taste and very cooling ; they make excellent vinegar of it by exposing it to the sun ; by distilling, it produces a kind of strong brandy like arrack, which liquor, by avaporation settles very good sugar at the bottom ; at the top of the tree grows a palm-cabbage as good to eat as the vegetable known by that name, and which grows in our gardens ; of its wood they build houses and ships, and lastly, by infusing its branches it produces very good ink.

LUCIE.

Cela est vraiment surpre-

LUCY.

That is truly astonishing,

nant, et si jamais je me trouvois dans une île déserte, je ne demanderois pour tout trésor à l'Être Suprême que la possession de cinq ou six cocotiers, sans cependant oublier mon cher bananier, dont l'ombrage est si délicieux, et les feuilles si utiles pour remplacer les nappes, les serviettes, et tout le linge de ménage.

and if ever I should be left in a desert island, I should not ask a greater treasure of the supreme Being, than the possession of five or six cocoa-trees: without however, forgetting my dear banna-tree, the shade of which is so delightful, and the leaves so useful instead of table-cloths napkins and all household linen.

mad. MELVILLE.

Mrs MELVILLE.

Oui; et en vous supposant l'heureuse industrie de Robinson, vous posséderiez presque toutes les choses utiles, sur-tout en y joignant cet arbrisseau que vous voyez au bout de la serre.

Yes, and supposing you to have the happy industry of Robinson; you would possess almost every thing that is useful, particularly if you add that shrub you see at the end of the green-house.

LUCIE.

LUCY.

Quel est-il?

What is it?

mad. MELVILLE.

Mrs MELVILLE.

C'est le cotonnier; il produit, après son fruit, une noix remplie d'un duvet d'une blancheur éclatante, qui, préparé, filé, tissu, nous donne ces toiles, ces mousselines si agréables à porter, et dont vous êtes tous les jours vêtue.

It is the cotton-tree; after its fruit it produces a nut fitted with a down of a glaring white, which being prepared, spun and woven, makes that fine linen, those muslins so pleasant to wear and in which you are every day dressed.

LUCIE.

LUCY.

Oui, maman; mais c'est après un long travail qu'on en obtient de si belles choses.

Yes, mamma, but it is after a great deal of labour that we get so many fine things.

mad. MELVILLE.

Je vois que votre paresse est plus séduite par l'eau délicieuse et le lait d'amande qui se trouvent naturellement contenus dans le fruit du coco, ou par ces belles feuilles de bananier qui tiennent lieu de serviettes et de nappes, et sont aisément remplacées lorsqu'on en désire de fraîches.

LUCIE.

Oui; j'avoue que ces choses qui peuvent à l'instant même satisfaire les desirs ou les besoins de la vie , sans exiger aucune attente, aucune préparation , me plaisent infiniment.

mad. MELVILLE.

J'aime votre sincérité. Pierre, aurai-je beaucoup d'ananas ?

PIERRE.

Au moins deux cents, dont cinquante de la plus belle grosseur ; mais en sortant de la serre, je prie madame de regarder mes melons , ils ont parfaitement réussi. J'en ai de toutes les espèces , melons verts, melons d'eau, melons d'Honfleur, cantaloups.

Mrs MELVILLE.

I see your idleness is more flattered by the dilicious liquor and the almond milk which are naturally contained in the cocoa nut, or by the large leaves of the banna tree, which serve instead of napkins and table-cloths, and are easily changed when one wishes for fresh ones.

LUCY.

Yes, I confess that those things which immediately satisfy the wishes or wants of life, without requiring any time or preparation, pleases me exceedingly.

Mrs MELVILLE.

I am pleased with your sincerity. Peter, shall I have many pine-apples?

PETER.

At least two hundred , among which are fifty of the largest size; but in going out of the hot-house, I beg you, madam, to look at my melons, they have succeeded perfectly well. I have some of every kind, green-melons, water-melons, Honfleur melons and cantaloups.

mad. MELVILLE.

C'est parfaitement bien, Pierre, et je suis très‑satisfaite des soins que vous donnez à mon jardin.

LUCIE.

Maman, rentrons à la maison par la campagne; en passant par ce joli sentier qui traverse le petit bois, nous rejoindrons la grande allée du château, et nous éviterons la chaleur qui commence à être très‑ardente.

mad. MELVILLE.

Oui, il est bien temps de rentrer. Pierre, ouvrez‑moi la petite porte qui est au bout de la serre, et qui donne dans la prairie.

Mrs MELVILLE.

It is very well, Peter, and I am perfectly satisfied with the care you take of my garden.

LUCY.

Mamma, let us return home by the meadows, we shall go by the path that leads to the great avenue of the house; and by that means avoid the heat which begins to be insupportable.

Mrs MELVILLE.

Yes, it is time to return. Peter, open the little door at the end of the hot-house which leads to the meadows.

<div style="text-align:center">~~~~~~~~~~~~~~~~~~~~~~~~~~~~~~~~~~~~~~~</div>

V I.

LA BASSE-COUR.	THE POULTRY YARD.
### LES MÊMES.	### THE SAME.

mad. MELVILLE.

Pierre, suivez-nous avec le panier de Lucie.

PIERRE.

Par ici, madame; nous abrégerons en traversant la basse-cour.

LUCIE.

Ah! maman, comme toutes ces oies viennent à nous; elles ont l'air furieux.

mad. MELVILLE.

Leur fureur n'est pas bien alarmante, et vous êtes bien enfant d'en avoir peur; ne voyez-vous pas qu'elles sont inquiètes du chien de Pierre?

LUCIE.

Je crois vraiment que cette truie a quatorze petits.

mad. MELVILLE.

Comptez-les, vous en serez sûre.

Mrs MELVILLE.

Peter, follow us with Lucy's basket.

PETER.

This way, ma'am, is the nearest, through the poultry-yard.

LUCY.

Ah! mamma, how all those geese are coming towards us, they look furious.

Mrs MELVILLE.

Their fury is not very alarming, and you are very childish to be frightened at them; do you not see they are affraid of Peter's dog.

LUCY.

I realy believe that sow has fourteen young ones.

Mrs MELVILLE.

Count them, and then you will be sure of it.

LUCIE.

Un, deux, trois, quatre, cinq, six, sept, huit, neuf, dix, onze, douze, treize, quatorze. Sont-ils tous de la même portée ?

PIERRE.

Oui, mademoiselle ; vous voyez que leur grosseur est bien semblable.

LUCIE.

Quelle famille ! Ah ! voilà le nouveau poulaillier, il est vraiment charmant ; et tous ces compartimens en treillage, à quoi servent-ils ?

PIERRE.

A contenir des poules de différentes espèces, et qui sont très-rares.

LUCIE.

En voilà de huppées, couleur d'or, qui sont superbes ; le coq est bien beau aussi.

mad. MELVILLE.

C'est réellement un oiseau de la plus grande beauté ; s'il ne se trouvoit pas dans toutes les basses-cours, s'il n'étoit pas aussi commun, on l'admireroit au moins autant que

LUCY.

One, two, three, four, five, six, seven, eight, nine, ten, eleven, twelve, thirteen, fourteen. Are they all of the same litter.

PETER.

Yes, miss, you see they are all of the same size.

LUCY.

What a family ! Ah ! here is the new hen-house ; it is indeed charming ; what is the use of all those divisions in lattice work ?

PETER.

They are to contain différent kinds of fowls which are very scarce.

LUCY.

Here are some beautiful crested ones of a gold colour ; the cock is also very handsome.

Mrs MELVILLE.

It is realy a most beautiful bird, if it were not to be seen in every poultry-yard, and not so common, it would be admired, at least, as much as the chinese-pheasant ; but the

le faisan de la Chine; mais le dernier a l'avantage de venir des pays lointains, et le pauvre coq n'est pas assez rare pour inspirer le même intérêt.

latter has the advantage of coming from a distant country, and the poor cock is not sufficiently uncommon to inspire us with the same interest.

LUCIE.

Il est cependant bien beau. Comment nommez-vous ces petites poules blanches qui ont les pattes garnies comme les pigeons?

LUCY.

It is nevertheless very handsome, but how do you call those little white hens, that have feathers on their legs like pigeons?

mad. MELVILLE.

Ce sont des poules de Bantham, elles nous viennent d'Angleterre. J'ai de toutes ces espèces pour mon amusement, mais les meilleures pondeuses sont tout simplement les poules noires.

Mrs MELVILLE.

They are the bantam-hens, they come from England. I have all those for my amusement; but the black hens are the best layers.

LUCIE.

Croyez-vous qu'il y ait déjà beaucoup d'œufs dans les nichoirs?

LUCY.

Do you think there are already many eggs in the nests?

PIERRE.

Je pense qu'il y en a déjà une bonne quantité, car j'entends chanter les poules sans interruption depuis six heures du matin.

PETER.

I think there is already a great number, for I have heard them cackle, incessantly ever since six o'clock this morning.

LUCIE.

Maman, me permettez-

LUCY.

Mamma, will you give me

vous de dénicher les œufs ?

leave to take the eggs out of the nests?

mad. MELVILLE.

Très-volontiers : vous les mettrez dans votre panier, et nous rentrerons avec une provision à-la-fois utile et agréable.

Mrs MELVILLE.

With all my heart; put them into your basket, and we shall return home with a useful and agreeable provision.

LUCIE.

Maman, j'en ai trouvé quinze ; c'est beaucoup, n'est-ce pas ?

LUCY.

Mamma, I have found fifteen : it is a great many; is it not?

mad. MELVILLE.

J'ai ici soixante poules, ainsi ce n'est pas étonnant. Prenez garde, en courant avec cette précipitation, d'effaroucher cette mère couveuse, suivie de cette quantité de petits éclos depuis deux jours seulement ; quelques-uns pourroient tomber dans la mare qui sert pour les canards, et vous porteriez la désolation dans le cœur de cette pauvre mère. Voyez comme elle les appelle, comme elle s'en fait entendre ; et ses plumes ébouriffées, comme elles indiquent son inquiétude ?

Mrs MELVILLE.

I have here sixty hens; therefore it is not very astonishing. Take care, in running so fast, not to frighten that hen which is followed by her numerous brood hatched but two days ago. Some of them might fall into the duck-pond, and you would affect the poor mother. See how she calls them, how she makes them understand her, and her feathers erect and in disorder shew her anxiety.

LUCIE.

Pauvre petite ! elle a bien tort de me craindre ; il faut nous éloigner, pour lui rendre la tranquillité.

LUCY.

Poor little creature ; she is much in the wrong to fear me. Let us go away to restore her tranquillity.

PIERRE.

Madame n'a pas encore vu le nouveau pigeonnier ?

PETER.

Madam, you have not yet seen the new pigeon-house.

LUCIE.

Ah ! je ne l'avois pas remarqué ; il est charmant.

LUCY.

Oh ! I did not observe it ; it is charming.

mad. MELVILLE.

Savez-vous combien la fille de basse-cour y a placé de paires de pigeons ?

Mrs MELVILLE.

Do you know how many couple of pigeons the maid has placed in it ?

PIERRE.

Les cinquante qui restoient dans le vieux colombier, mais il peut en tenir cent.

PETER.

The fifty which remained in the old dove-house ; but it will contain an hundred.

LUCIE.

Ah ! la drôle de chose. Voyez, je vous prie, ce dindon faisant la roue avec sa queue en face du paon, qui en fait autant ; il a l'air de vouloir l'imiter.

LUCY.

Ah ! how droll. Pray look at that turkey-cock spreading out his tail before the peacock, which does the same ; he seems to wish to imitate him.

mad. MELVILLE.

Ils peignent parfaitement l'un et l'autre la vanité et la sottise. On m'a dit, Pierre, que j'avois deux veaux depuis hier.

Mrs MELVILLE.

They both perfectly well represent vanity and folly. They tell me, Peter, I have two young calves since yesterday.

PIERRE.

Oui, madame ; et le der-

PETER.

Yes, ma'am, and the last

nier est une petite génisse noire qui mérite d'être élevée; elle est très-forte et très-bien marquée ; elle a sur le front une étoile blanche et les quatre pieds blancs.

mad. MELVILLE.

Il faudra dire à la fermière de la mettre au nombre des élèves. Savez-vous combien j'ai de pintes de lait par jour ?

PIERRE.

Mais, madame, sur vos douze vaches, il y en a encore six prêtes à vêler, ainsi vous n'en avez que quatre en plein rapport; il faut compter sur vingt-quatre pintes de lait.

mad. MELVILLE.

J'aurois été bien aise de parler à la fermière.

PIERRE.

Elle est allée mener les vaches aux champs; elle y laissera les filles, et reviendra bientôt.

mad. MELVILLE.

L'heure me presse, et je n'ai pas le temps d'attendre. Allons, Lucie.

---

is a beautiful black heifer, worth bringing up. She is very strong and well marked and has a white star on her forehead, her feet are also white.

Mrs MELVILLE.

You must tell the dairy-maid to put her with those that are to be brought up. Do you know how many pints of milk I have a day ?

PETER.

Out of your twelve cows, there are six more ready to calve; so there are but four which give milk at present ; you may therefore recken upon about four and twenty pints of milk.

Mrs MELVILLE.

I should have been glad to have spoken to the dairy-maid.

PETER.

She is gone with the cows to the fields; she will leave the girls there and will soon be back.

Mrs MELVILLE.

It begins to be late, we have not time to wait. Come, Lucy.

4.

LES CHAMPS. — THE FIELDS.

LES MÊMES. — THE SAME.

mad. MELVILLE. — **Mrs MELVILLE.**

Si les jardins vous ont paru charmans ce matin, Lucie, admirez un peu la campagne, et convenez qu'elle a bien autant d'agrémens.

If the gardens appeared so delightful to you this morning, Lucy, admire the country a little, and confess that it has also its beauties.

LUCIE. — LUCY.

Oui, cette prairie si verte, comme elle est émaillée de fleurs ! Ce joli ruisseau qui l'arrose contribue à sa fraîcheur.

Yes, how that green meadow is enamelled with flowers ! and that pleasant brook which waters it adds much to its freshness.

mad. MELVILLE. — **Mrs MELVILLE.**

C'est bien une rivière, et quoique petite, vous savez qu'on y pêche d'excellens poissons.

It is a river, and though small, you know excellent fish is caught in it.

LUCIE. — LUCY.

Quoi ! c'est de là qu'on nous apporte ces belles écrevisses, ces carpes, ces anguilles, ces goujons ?

What is it from thence that they bring us those fine cray-fish, carps, eels and gudgeons ?

mad. MELVILLE. — **Mrs MELVILLE.**

Précisément.

Exactly so.

LUCIE.	**LUCY.**
Vous appartient-elle cette rivière, maman ?	Does that river belong to you, mamma ?
mad. MELVILLE.	**Mrs MELVILLE.**
Tant qu'elle coule sur mon terrein, j'ai le droit d'y faire pêcher.	As far as it runs through my grounds I have a right to fish in it.
LUCIE.	**LUCY.**
Où allons-nous la passer ? car elle traverse la prairie ; je pourrois bien la franchir, mais vous, maman ?	Where shall we cross it ? for it runs through the meadow ; I could easily jump over it ; but you, mamma ?
mad. MELVILLE.	**Mrs MELVILLE.**
Suivons le sentier ; là-bas, près de ce vieux chêne, vous voyez aussi plusieurs saules ; dans cet endroit il y a un pont.	Let us follow the path ; yonder, near that old oak, you see also several willows, in that place there is a bridge.
LUCIE.	**LUCY.**
Ah ! je m'en souviens, il y a un an que je ne suis venue de ce côté.	Ah ! I remember it, I have not been this way of a year.
mad. MELVILLE.	**Mrs MELVILLE.**
Pierre, quand pensez-vous que l'on coupera les foins ?	Peter, when do you think they will begin to mow ?
PIERRE.	**PETER.**
Avant trois semaines nous mettrons les faucheurs dans cette pièce.	Why in about three weeks we shall set the mowers about that piece.

LUCIE.

Maman, me permettrez-vous de venir travailler aux meules avec les faneuses, comme l'année passée ?

mad. MELVILLE.

Volontiers, cela vous amuse, et elles aiment à vous y voir. Que pensez-vous, Pierre, de la récolte de cette année ?

PIERRE.

Si nous n'avons pas de grêle, je crois que les gelées ne sont plus à craindre; et vous voyez, madame, que les blés sont superbes ; la hauteur des seigles est prodigieuse ; on les fera, cette année, quinze jours après les foins.

LUCIE.

Qu'y a-t-il dans cette partie de terre à droite, qui porte des fleurs violettes et d'autres qui sont blanches ?

PIERRE.

Ce sont des pommes-de-terre.

LUCIE.

Et par ici, ces deux petits carrés ?

LUCY.

Mamma, will you permit me to come and make hay with the hay-makers, as I did last year?

Mrs MELVILLE.

With all my heart, it amuses you, and they like to see you there. Peter, what do you think of the harvest this year?

PETER.

If we have no hail, I think we have nothing to fear from the frost, and you see, ma'am, the corn is very fine. The rye is of a prodigious height; we shall cut it down this year a fortnight after the hay.

LUCY.

What are those in that piece of ground on the right, which bear violet flowers, and others that are white?

PETER.

They are potatoes.

LUCY.

And those two squares on this side.

PIERRE.

C'est du lin et du chanvre; ces deux pièces sont à moi; madame votre mère m'a permis d'en faire cet usage, et ce que vous voyez me donne suffisamment de draps et de chemises pour toute ma famille. Cet hiver, ma femme et mes filles feront du fil avec ce chanvre et ce lin; puis le tisserand nous en fera de la toile.

LUCIE.

Un peu jaune.

PIERRE.

Oui, mais on parvient à la blanchir sur le pré.

LUCIE.

Maman, entendez-vous un violon et un fifre?

PIERRE.

Ah! c'est la noce du fils du meunier qui se rend à l'église.

LUCIE.

Bon dieu, que de monde! ils sont plus de trente. Toutes les filles de la noce sont en blanc; cela est charmant.

PETER.

It is flax and hemp; those two pieces are mine. Your mamma gave me leave to make that use of them, and what you see furnishes my whole family with sheets and shirts. This winter my wife and daughters will make thread of that flax and hemp; the weaver will then make us cloth of it.

LUCY.

It must be rather yellow.

PETER.

Yes, but we bleach it in the meadows.

LUCY.

Mamma, do you hear a violen and a fife?

PETER.

Ah! it is the wedding of the miller's son, who is going to church.

LUCY.

Bless me, what a number of people! There are more than thirty; the bridemaids are dressed in white; it is charming.

mad. MELVILLE.

Rangez-vous près de la haie pour les laisser passer. Les garçons de la noce précèdent le marié ; ils sont aisés à distinguer par les rubans dont leurs chapeaux sont ornés. Ils vous saluent tous ; Lucie, ayez soin de leur rendre le salut avec politesse et affabilité.

LUCIE.

Ils paroissent bien gais, ils danseront sûrement ce soir ; ils sont bien heureux !

PIERRE.

Ce sera un joli couple ; le marié est sage, laborieux, et la mariée est une excellente ménagère ; elle est fort à son aise ; son père lui donne une maison, quatre arpens de bonnes prairies, un troupeau de cinquante brebis, des chèvres, trois vaches, et un âne qui est le meilleur du canton. Ah ! c'est une fille fort riche.

LUCIE.

Oui, pour le village.

mad. MELVILLE.

Elle n'a pas besoin d'une

Mrs MELVILLE.

Stand near the hedge that they may pass, the young lads who attend the bridegroom walk before him. They are easily known by the ribbons which adorn their hats. They all bow to you, Lucy, take care to return it with politeness and affability.

LUCY.

They seem to be in high spirits ; they will certainly dance to night ; they are very happy !

PETER.

It is a charming couple : the bridegroom is sober and industrious ; and the bride an excellent housewife ; she is in very easy circumstances ; her father gives her a house, four acres of good pasture land, a flock of fifty sheep, some goats, three cows and an ass, which is the best in the country. Ah ! she is a very rich girl.

LUCY.

Yes, for the village.

Mrs MELVILLE.

She has no need of any

autre fortune, et elle sera peut-être plus heureuse qu'une jeune mariée de la ville, qui possédera une infinité de belles choses auxquelles on n'attache qu'un intérêt passager.

other fortune, and will be perhaps much happier than a young bride of the town, who may possess many fine things, for which we feel but a momentary concern.

LUCIE.

Ah! nous voilà enfin près du bois; la fraîcheur nous sera bien agréable, car le soleil est très-ardent.

LUCY.

Ah! we are at last near the wood; we shall find its coolness very agreeable, for the sun is extremely hot.

mad. MELVILLE.

Asseyons-nous ici, sous ce chêne touffu; il donne un ombrage délicieux.

Mrs MELVILLE.

Let us sit down here under this tufted oak; it affords a delightful shade.

LUCIE.

Quelle variété de feuillage et de verdure dans ce petit bois! il semble qu'il n'y ait pas un arbre semblable.

LUCY.

What a variety of leaves and verdure in this little wood; it appears, as if there were not two trees alike.

mad. MELVILLE.

En le faisant planter, il y a dix ans, je me suis plu, à la vérité, à réunir toutes sortes d'arbres; vous y voyez le chêne, l'orme, le tilleul, le frêne, le marronier, le platane, le sorbier, l'acacia.

Mrs MELVILLE.

Indeed when it was planted, ten years ago, I took pleasure in uniting all sorts of trees. You see the oak, the elm, the linden-tree, the ash, the chesnut-tree, the plane-tree and the acacia.

LUCIE.

Il y a aussi beaucoup de différentes espèces de pins.

LUCY.

But there are also many different kinds of pines.

mad. MELVILLE.

Oui, leur feuillage sombre a des nuances très-agréables dans cette saison, et empêche ce bosquet d'être entièrement dépouillé pendant l'hiver.

LUCIE.

Et comment nommez-vous ce bel arbre un peu isolé sur la droite?

mad. MELVILLE.

C'est un catalpa. Il y a six ans qu'il fut gelé jusques dans la racine. Retirez-vous de l'endroit où vous êtes assise, Lucie, vous avez une fourmilière derrière vous.

LUCIE.

Oh! maman, remarquez un peu cette fourmi, elle entraîne quelque chose de plus gros qu'elle.

mad. MELVILLE.

Instruite par la seule nature, elle s'occupe pendant l'été d'amasser des provisions pour l'hiver. Quelle leçon pour les paresseux!

LUCIE.

Malheureusement ils ne

Mrs MELVILLE.

Yes, their dark leaves afford an agreeable shade in this season, and keep the grove from being intirely naked during winter.

LUCY.

And what is the name of that fine tree, almost alone, on your right?

Mrs MELVILLE.

It is the catalpa: it was frozen six years ago to its very roots. Remove from the place where you are sitting, Lucy, you have an ant's nest behind you.

LUCY.

Ah! mamma, look at that ant, it is carrying away something bigger than itself.

Mrs MELVILLE.

Instructed by nature alone, they are employed during the summer in collecting provisions for the winter. What a lesson for idle people!

LUCY.

Unfortunately they are not

son⸱ pas très-disposés à en recevoir.

very much disposed to pay attention to it.

mad. MELVILLE.

Vous pouvez quelquefois juger leurs torts, à ce qu'il me paroît, Lucie ?

Mʳˢ MELVILLE.

It seems, Lucy, you can sometimes judge of the errors of others.

LUCIE.

Pour les éviter, soyez-en sûre, maman. Ah ! dieu, permettez-moi d'ôter un vilain hanneton qui s'est attaché à votre fichu.

LUCY.

In order to avoid them, I assure you, mamma. Oh dear ! let me take off that nasty may-buy, that sticks to your neckhandkerchief.

mad. MELVILLE.

Il y aura beaucoup d'insectes cette année ; l'hiver a été doux ; je vois déjà les feuilles attaquées par les chenilles.

Mʳˢ MELVILLE.

There will be a great many insects this year, for the winter has been mild. The cater-pillars begin already, I see, to attack the leaves.

LUCIE.

Je suis toujours émerveillée de la métamorphose de ces vilaines chenilles en jolis papillons, que j'ai tant de plaisir à prendre dans mes filets de gaze.

LUCY.

I am always astonished at the metamorphosies of those ugly cater-pillars into pretty butter-flies, which I have so much pleasure in catching in my gauze nets.

mad. MELVILLE.

C'est une des merveilles de la nature qui frappe vos yeux ; vous en aurez bien d'autres à admirer, qui sont toutes aussi surprenantes.

Mʳˢ MELVILLE.

It is one of the wonders of nature which strikes your eye : you will meet with many others equally surprising.

LUCIE.

Maman, vous vous êtes reposée; ne trouvez-vous pas que l'heure du déjeûner se fait sentir? J'ai un grand appétit.

mad. MELVILLE.

Cela doit être; il y a déjà long-temps que vous êtes levée; rentrons, nous n'avons plus que quelques pas à faire.

LUCY.

Mamma, you have now rested yourself, do not you begin to feel that breakfast hour is near? I am very hungry.

Mrs MELVILLE.

That I can believe, for you have been up some time. Let us return home, we have but a few steps to go.

VIII.

LE DÉJEUNER.	THE BREAKFAST.

Mad. MELVILLE, LUCIE, et MARIE.

Mᴿˢ MELVILLE, LUCY, and MOLLY.

MARIE.

Vous voilà, madame? Nous commencions tous à être fort alarmés. J'ai parcouru votre jardin en entier, sans vous trouver.

MOLLY.

Here you are, madam, we all began to be very much alarmed; I have been all over the garden without finding you.

mad. MELVILLE.

Nous avons fait le tour, en passant par les potagers et la ferme.

Mᴿˢ MELVILLE.

We came round by the kitchen-garden and the farm.

MARIE.

Mais la grille étoit fermée.

MOLLY.

But the gate was shut.

mad. MELVILLE.

J'en avois la clef.

Mᴿˢ MELVILLE.

I had the key with me.

LUCIE.

Voyez, Marie, la belle provision que Pierre me rapporte.

LUCY.

See, Molly, what a fine provision Peter has brought me.

MARIE.

Ah! que d'œufs frais et de belles fleurs!

MOLLY.

Ah! what a number of new laid eggs and fine flowers.

mad. MELVILLE.

Mon déjeûner est-il prêt?

Mrs MELVILLE.

Is my breakfast ready?

MARIE.

Depuis long-temps, madame, l'eau est bouillante pour le thé; le café et le chocolat sont aussi près du feu; vous pouvez choisir.

MOLLY.

It has been ready some time, ma'am, the water boils for the tea; the coffee and chocolate, are also before the fire, you may therefore choose.

mad. MELVILLE.

Asseyez-vous, Lucie, et prenez cette serviette. Apportez-moi la boîte à thé.

Mrs MELVILLE.

Sit down, Lucy, and take that napkin. Bring me the tea-chest.

MARIE.

La voici, madame; voulez-vous la théière?

MOLLY.

Here it is, ma'am: will you have the tea-pot?

mad. MELVILLE.

Oui; allez me chercher la bouilloire.

Mrs MELVILLE.

Yes, go and fetch me the kettle.

LUCIE.

Vous ne prenez que du thé, maman? J'ai si bon appétit que je préférerai du chocolat, si vous me le permettez.

LUCY.

Do you only take tea, mamma? I have so good an appetite that I should prefer chocolate, if you will give me leave.

mad. MELVILLE.

Volontiers; servez-vous avec précaution; voici la chocolatière.

Mrs MELVILLE

With all my heart, here is the chocolate-pot, take care how you help yourself.

L U C I E.

Puis-je manger des rôties ?

mad. MELVILLE.

Tout comme vous vou-
drez ; voici des petits pains.
Lucie, approchez-moi le su-
crier, et donnez-moi les pin-
ces à sucre.

L U C I E.

Voulez-vous une petite
cuiller ?

mad. MELVILLE.

Certainement ; je désire
aussi du beurre et une salière ;
je n'aime point mes tartines
sans beurre et sans sel. La
crême chaude est seulement
bonne pour le café, et je ne
vois pas la froide, qui con-
vient mieux au thé.

M A R I E.

La voici, madame, dans
ce petit pot de porcelaine.

mad. MELVILLE.

Ah ! cela est vrai ; donnez-
moi un couteau.

L U C I E.

Maman, me permettez-
vous, après le chocolat, de
boire un verre d'eau fraîche ?
car je suis bien altérée.

L U C Y.

May I eat some toast ?

Mrs MELVILLE.

Just as you please, here
are some rolls. Lucy, give me
the sugar-bason and the su-
gar-tongs.

L U C Y.

Will you have a tea-
spoon ?

Mrs MELVILLE.

Certainly ; I wish also for
some butter and a salt-cellar ;
I do not like my bread and
butter without salt. Hot
cream is only good with coffee, and I do not see any cold,
which is better with tea.

M O L L Y.

Here it is, ma'am, in this
china milk-pot.

Mrs MELVILLE.

Ah ! it is true. Give me a
knife.

L U C Y.

Mamma, will you permit
me to drink a glass of fresh
water after my chocolate ? I
am very thirsty.

mad. MELVILLE.

Il n'y a pas d'inconvénient à présent ; il y en auroit eu en rentrant de la promenade, car vous aviez bien chaud.

LUCIE.

Et si je prenois une tasse de thé actuellement, cela me feroit-il mal ?

mad. MELVILLE.

Non sûrement ; à votre âge, le déjeûner est un des meilleurs repas. Prenez cette tasse, et ne versez pas dans la soucoupe.

LUCIE.

Voulez-vous me donner du sucre, maman ?

mad. MELVILLE.

Combien de morceaux ?

LUCIE.

Trois ou quatre ; j'aime que mon thé soit fort sucré.

mad. MELVILLE.

Remuez le fond avec votre cuiller ; sans cela, vous auriez un sirop très-épais au fond de la tasse.

Mrs MELVILLE.

There is no danger now but there would have been at our return from walking, for you were then very hot.

LUCY.

And if I were now to take a cup of tea, would it hurt me ?

Mrs MELVILLE.

No certainly ; at your age breakfast is one of the best meals. Take that cup, and do not pour your tea into the saucer.

LUCY.

Will you give me some sugar, mamma ?

Mrs MELVILLE.

How many lumps ?

LUCY.

Three or four, I like my tea very sweet.

Mrs MELVILLE.

Stir it well with your spoon, or else you will have a thick sirup at the bottom of the cup.

LUCIE.

Maman, quand nous avons des hommes à déjeûner, et sur-tout des chasseurs, je souffre beaucoup.

mad. MELVILLE.

Et pourquoi cela ?

LUCIE.

Parce qu'ils mangent du pâté ou du jambon, qu'ils boivent du vin, et que cette odeur me déplaît le matin.

mad. MELVILLE.

Il faut savoir, dans la société, supporter, sans en rien témoigner, ces petites contrariétés; pour y être chérie, il faut continuellement y vivre pour les autres.

LUCIE.

J'en suis persuadée; mais cependant j'aime mieux notre petit déjeûner tranquille et propre.

mad. MELVILLE.

Voyez un peu, Marie, quel est ce cor-de-chasse que j'entends dans la cour.

MARIE.

C'est le propriétaire du

LUCY.

Mamma, when we have gentlemen, to breakfast, and particularly huntsmen, I am very uncomfortable.

Mrs MELVILLE.

And why so ?

LUCY.

Because they eat meat-pies or ham, and drink wine, the smell of which, is very disagreeable to me in the morning.

Mrs MELVILLE.

In society, we must know how to bear those little inconveniences without murmuring; and to be esteemed in it, we must endeavour to live continually for others.

LUCY.

I am convinced of it, but still I like our little, neat and quiet breakfast much better.

Mrs MELVILLE.

Look, Molly, what is that french-horn I hear in the yard.

MOLLY.

It is the owner of the neigh-

château voisin; il est suivi de deux palefreniers et de plusieurs chiens.

bouring mansion, followed by two grooms and several dogs.

mad. MELVILLE.

Mrs MELVILLE.

C'est un chasseur infatigable. Il va sans doute me demander à déjeûner; ma chère Lucie, il faudra bien supporter le jambon et la bouteille de vin.

He is an indefatigable hunter; he is undoubtedly going to invite himself to breakfast with me. My dear Lucy, you will be obliged to bear the ham and the bottle of wine.

I X.

<table>
<tr>
<td width="50%" valign="top">

LA VISITE D'UN CHASSEUR.

LE CHASSEUR, et les mêmes.

LE CHASSEUR.

J'AI pensé, madame, que vous me pardonneriez cette visite en faveur du voisinage. Il y a au moins six heures que je parcours tous les bois et toutes les plaines des environs; j'ai tiré plus de vingt coups ; j'étois moins adroit qu'à l'ordinaire, car je ne puis vous présenter que deux perdrix et trois cailles.

mad. MELVILLE.

C'est une fort jolie chasse, et je vous en fais mes remercîmens. Mais où avez-vous posé votre fusil?

LE CHASSEUR.

J'ai laissé tout mon attirail, ma gibecière, ma poudre, mon plomb, à un de mes domestiques ; j'entre toujours désarmé chez les dames.

LUCIE.

Ah! Dieu, quel plaisir cruel

</td>
<td width="50%" valign="top">

THE HUNTSMAN'S VISIT.

THE HUNTSMAN, and the same.

THE HUNTSMAN.

I thought, madam, you would excuse this visit on account of our neigbourhood. I have been at least six hours traversing the woods and the adjacent plains, and have shot off my gun above twenty times, but having been less skilful than usual, I can only offer you a brace of partridges and three quails.

Mrs MELVILLE.

It is a very fine chase, and I thank you for it. But where have you laid your gun?

THE HUNTSMAN.

I have left it as well as my pouch, powder and shot, with one of my servants; I always go unarmed before the ladies.

LUCY.

Ah! what a cruel pleasure

</td>
</tr>
</table>

5

que celui de la chasse! Sans vous, monsieur, ces pauvres petites bêtes chanteroient encore dans nos champs.

LE CHASSEUR.

Il n'y a pas, mademoiselle, de plaisir et d'exercice plus ancien pour les hommes. Tous les peuples chassent, et la vie simple et grossière des Sauvages ne garantit pas les animaux des forêts de l'atteinte de leurs flèches. Il faut donc vous accoutumer à une chose aussi générale.

LUCIE.

J'avoue que je n'y suis très-sensible que lorsque je vois ces pauvres petites bêtes avec leurs plumes ensanglantées.

LE CHASSEUR.

J'ai eu tort de vous présenter ces objets touchans, mais c'est l'hommage d'un chasseur.

mad. MELVILLE.

Vous paroissez avoir bien chaud, et sûrement vous n'avez pas déjeûné. Je ne vous offrirai pas du café ou du thé.

is that of the chase: if it were not for you, sir, these poor little creatures would still be enjoying themselves in our fields.

THE HUNTSMAN.

There is not for men any pleasure or exercise, more ancient. People of every nation hunt, even the simple and unpolished life of the savages does not secure the animals of the forests from their arrows. You must therefore accustom yourself to a thing so generally practised.

LUCY.

I confess I am not very much affected by it except when I see these poor little creatures with their feathers all bloody.

THE HUNTSMAN.

I was wrong to present these moving objects before you; but it is the homage of a huntsman.

Mrs MELVILLE.

You seem to be very warm, and you certainly have not breakfasted. I shall not offer you either coffee or tea.

LE CHASSEUR.

Je l'avoue, madame, je préférerois quelque chose de plus solide.

mad. MELVILLE.

Marie, faites servir le pâté de volaille; emportez ce gibier, et faites-nous donner des assiettes et des fourchettes.

LE CHASSEUR.

Véritablement, je suis excédé par la chaleur extrême et le chemin que j'ai fait; mais aussi quel plaisir vif que celui d'un bon déjeûner près de vous, madame, et dans un lieu aussi frais!

mad. MELVILLE.

Vous aimez infiniment la chasse?

LE CHASSEUR.

C'est une passion que j'ai eue toute ma vie : rien ne me rebute. Ce matin, j'ai suivi un lièvre pendant plus d'un quart-d'heure; mes lévriers l'avoient fait partir, mais il s'est blotti dans des broussailles, et je n'ai pu l'en faire sortir.

THE HUNTSMAN.

I confess, madam, I should prefer something more solid.

Mrs MELVILLE.

Molly, serve up the chiken-pie, take away this game, and give us some plates and forks.

THE HUNTSMAN.

Indeed, I am overcome by the excessive heat, and the long walk which I have taken, but how delightful is a good breakfast with you, madam, and in so cool a place.

Mrs MELVILLE.

You are very fond of hunting.

THE HUNTSMAN.

It is a passion I have possessed all my life. Nothing disheartens me; this morning I followed a hare for more than a quarter of an hour, my hounds started it, but it got in amongst the bushes and I could not drive it out again.

mad. MELVILLE.

Il n'y a presque plus de lapins dans nos cantons.

LE CHASSEUR.

Non, madame, les paysans les ont tous détruits; mais nous avons beaucoup de fouines et de renards, et je les recherche avec le plus grand soin.

mad. MELVILLE.

Nous avions même des loups, l'hiver dernier; grace à vous, ils sont détruits.

LE CHASSEUR.

Ah! je leur fais une guerre cruelle, et c'est bien celle qu'ils méritent, car ils n'épargneroient pas nos brebis.

mad. MELVILLE.

Combien en avez-vous tué cette année?

LE CHASSEUR.

Deux, madame; le dernier m'a fait passer une nuit entière avec mes gens et mes chiens; mais quand je l'ai vu couché par terre, j'ai été complètement payé de mes peines.

Mrs MELVILLE.

There are scarcely any rabbits left in our quarters.

THE HUNTSMAN.

No, madam, the country people have destroyed them all; but to make up for their loss, we have a great many polecats and foxes, and I seek them with the greatest care.

Mrs MELVILLE.

We had even wolves last winter, but thanks to you, sir, they are all destroyed.

THE HUNTSMAN.

Ah! I wage a cruel war with them and they deserve it, for they would not spare our sheep.

Mrs MELVILLE.

How many have you killed this year?

THE HUNTSMAN.

Two ma'am; the last made me watch a whole night with my people and dogs, but when I saw him stretched on the ground, I was completely paid for all my trouble.

mad. MELVILLE.

Aimiez-vous autrefois la chasse du cerf et de la biche?

Mrs MELVILLE.

Did you formerly like stag-hunting?

LE CHASSEUR.

Moins que celle du sanglier; j'ai réellement les vertus de mon état; il me faut des dangers ou de la peine; une grive qui m'a fait parcourir deux ou trois arpens de vignes, me flatte plus que trente pièces tirées de suite dans un canton de réserve.

THE HUNTSMAN.

Less than that of the wild-boar. I have really all the virtues of my profession; I must under-go dangers and trouble: a thrush, which has caused me to traverse two or three acres, is of more value to me, than thirty pieces of game, shot in a reserved quarter.

mad. MELVILLE.

Avez-vous un équipage nombreux?

Mrs MELVILLE.

Have you a numerous equipage.

LE CHASSEUR.

Non, madame; mais j'ai douze chiens parfaits, des bracs anglais, des bassets uniques, des chiens d'arrêt impayables; deux de mes gens sont des chasseurs aussi intrépides que moi, et le fils de mon palefrenier donne du cor à ravir.

THE HUNTSMAN.

No, ma'am, but I have twelve excellent english dogs, admirable terriers, and valuable pointers; two of my men are as intrepid huntsmen as my self, and my groom's son sounds the horn admirably well.

mad. MELVILLE.

Vous allez peu à Paris?

Mrs MELVILLE.

You seldom go to Paris.

LE CHASSEUR.

Je m'y ennuie à périr; il

THE HUNTSMAN.

I am tired to death when

ine faut des bois, des monta-gnes, des vallées....

I am there : I must be in the woods, mountains and val-leys.

mad. MELVILLE.

Voilà votre déjeûner; j'es-père que vous serez content de mon vin, de Bourgogne; tous les connoisseurs le trou-vent parfait.

Mrs MELVILLE.

Here is your breakfast. I hope you will be pleased with my Burgundy wine, all the connoisseurs find it perfectly good.

MARIE.

Madame, voici votre mar-chand de modes qui entre dans la cour avec un cabrio-let superbe.

MOLLY.

Madame, here is your mil-liner coming into the court in a smart gig.

mad. MELVILLE.

C'est bien galant à lui de quitter Paris quelques ins-tans, car c'est un des hom-mes qu'on y desire le plus.

Mrs MELVILLE.

It is very polite of him to quit Paris for ever so short a time, as he is one of the per-sons the most wished for there.

MARIE.

Il y a sur l'impériale de sa voiture une boîte qui con-tient sûrement bien des cho-ses agréables.

MOLLY.

He has a box on the top of his carriage, which cer-tainly contains many pretty things.

LUCIE.

Maman, me permettez-vous de les voir avec vous?

LUCY.

Mamma, will you give me leave to look at them with you ?

mad. MELVILLE.

Oui; vos maîtres ne vien-

Mrs MELVILLE.

Yes, your masters only

dront ce matin que pour me rendre compte de votre travail, ainsi vous pouvez rester.

come this morning to give me an account of your attention to your studies, therefore you may stay.

LE CHASSEUR.

Pour moi, madame, je vous présente mille remercîmens pour votre accueil obligeant; mais dans ce moment, mon suffrage doit vous être si peu utile, que je vais avoir l'honneur de prendre congé de vous.

THE HUNTSMAN.

As for me, ma'am, I return you a thousand thanks for your obliging reception; but at this moment my opinion can be of so little use to you that I shall do myself the honour of taking my leave.

mad. MELVILLE.

Soyez toujours convaincu, monsieur, que lorsque votre chasse vous amène de ce côté, votre visite m'est infiniment agréable.

Mrs MELVILLE.

Be assured that whenever the chase leads you this way, your visits will give me great pleasure.

X.

LE MARCHAND DE MODES.

THE MILLINER.

Mad. MELVILLE, LUCIE, LE MARCHAND DE MODES, et MARIE.

Mᵗˢ MELVLLE, LUCY, THE MILLINER, and MOLLY.

mad. MELVILLE.

C'est bien aimable à vous de penser aux gens retirés à la campagne.

Mᵗˢ MELVILLE.

It is very good of you to think of people retired in the country.

LE Mᵈ DE MODES.

J'ai réfléchi, madame, que depuis votre séjour ici, vous ne deviez plus avoir un bonnet, ni un chapeau présentable.

THE MILLINER.

I thought, madam, from the length of time you have been here, you would not have either a hat or cap fit to put on.

mad. MELVILLE.

J'en avois apporté une provision assez considérable.

Mᵗˢ MELVILLE.

I brought a pretty good provision with me.

LE Mᵈ DE MODES.

Oui ; mais il y a si long-temps ; les formes changent à chaque instant ; je parie que tout ce que madame a ici est d'un gothique affreux.

THE MILLINER.

Yes, but it is so long ago, the fashions change every moment. I lay a wager that every thing you have here, madam is frightfully gothic.

mad. MELVILLE.

Gothique est charmant ! Il

Mᵗˢ MELVILLE.

Gothic ! that is admirable !

y a deux mois que j'ai quitté Paris.

LE M^d DE MODES.

Mais deux mois sont un temps fort long pour la partie des modes ; heureusement que notre état tient plus à la variété qu'au bon goût ; on conserveroit les mêmes formes de coiffure, on les feroit imiter par ses femmes, on les imiteroit soi-même ; les dames sont si adroites ! Aussi ne laissons-nous pas les modes exister quinze jours de suite ; sans cela, notre commerce seroit perdu.

mad. MELVILLE.

Oui, mais c'est ce changement perpétuel qui perd la fortune des jeunes femmes.

LE M^d DE MODES.

Ah ! madame, elles sont réellement plus économes qu'on ne le pense.

mad. MELVILLE.

Vous le trouvez ; mais les maris sont-ils du même avis que vous ?

LE M^d DE MODES.

Ceci n'est pas mon affaire, et je suis trop discret pour

---

when I have left Paris but two months.

THE MILLINER.

But, two months is a long time, for what concerns fashion. Fortunately, our trade runs more upon variety than good taste. If the ladies always kept to the same form of head-dress they would make their maids imitate them, or they would imitate them themselves, the ladies are so clever ! but we take care not to let a fashion exist a fortnight or else our trade would be ruined.

Mrs MELVILLE.

Yes, but it is this perpetual change which impairs the fortunes of young women.

THE MILLINER.

Ah ! madam, they are more œconomical than you imagine.

Mrs MELVILLE.

You think so, but are their husbands of the same opinion ?

THE MILLINER.

That is not my business, and I have too much discre-

me mêler de ce qui ne me concerne pas.

tion to meddle with wha[t] does not concern me.

mad. MELVILLE.

Voyons vos modes.

Mrs MELVILLE.

Let us see your fashions.

LE Md DE MODES.

D'abord, madame, l'été a agrandi la forme des chapeaux ; l'hiver, on ne pense qu'à leur élégance ; dans cette saison, on est ramené vers leur utilité.

THE MILLINER.

In the first place, let m[e] tell you, madam, that i[n] summer people wear larg[e] hats ; in winter they onl[y] consider their elegance, bu[t] in this season, they wis[h] them to be useful.

mad. MELVILLE.

Donnez-moi ce chapeau de paille garni de rubans blancs.

Mrs MELVILLE.

Give me that straw ha[t] trimmed with white ribbons[.]

LE Md DE MODES.

Admirez, je vous prie, madame, cette plume faite en paille, et ce nœud de ruban ; quelle grace !

THE MILLINER.

Pray, ma'am, admire tha[t] straw feather, and the tast[e] which is displayed in tha[t] bow of ribbons.

mad. MELVILLE.

C'est fort joli.

Mrs MELVILLE.

It is very pretty.

LE Md DE MODES.

Voici un chapeau de taffetas blanc, garni de rubans violets, qui a bien son prix ; on le noue sous le menton. Madame veut-elle voir ces fichus simples, comme ils sont brodés : en voici à col-

THE MILLINER.

Here is a white silk-ha[t] trimmed with violet colour-ed ribbons, it is worth a grea[t] deal, it is made to tie under the chin. Will you look, madam, at these single neck-handkerchiefs, which are

let , mais il faut des boutons d'antiques ou de diamans ; c'est indispensable.

embroidered; here are some with collars , but they cannot be worn without antique or diamond buttons which are absolutely necessary.

mad. MELVILLE.

J'en ai ; je prends le chapeau blanc et deux fichus à collet.

Mrs MELVILLE.

I have some ; I will take the white hat and two neck-handkerchiefs with collars.

LE M^d DE MODES.

Madame veut-elle des voiles de dentelles noires superbes ?

THE MILLINER.

Madam , will you look at some beautiful black lace veils ?

mad. MELVILLE.

Je ne les aime point.

Mrs MELVILLE.

I do not like them.

LE M^d DE MODES.

J'en ai de dentelles de Bruxelles d'une beauté parfaite ; celui - ci , madame , coûte deux mille écus, et sur mon honneur je n'ai pas deux louis de bénéfice.

THE MILLINER.

I have some very fine ones made of Brussels lace ; the price of this , madam , is two thousand crowns , and upon my honour I do not get two guineas by it.

mad. MELVILLE.

Vous ne les aurez pas avec moi au moins, car je n'achète pas d'objets de cette cherté.

Mrs MELVILLE.

You shall not get them by me , at least , for I do not buy such expensive things.

LUCIE.

Ah ! maman , que c'est beau !

LUCY.

Ah ! mamma , how beautiful it is ?

mad. MELVILLE.

Il y a quelque chose, ma

Mrs MELVILLE.

There is something , my

Lucie, que vous trouverez préférable, c'est l'emploi bien plus utile qu'on peut faire d'une somme aussi considérable, et j'aurai soin de vous l'apprendre.

Lucy, you will find s[t] more so, and that is, [t] much better use, which m[a] be made of so considerabl[e] sum; and I shall take care [to] let you know what that u[se] is.

LE M^d DE MODES.

Voici des voiles de mousseline brodés qui ont bien leur mérite. La mousseline est des Indes, et d'une beauté parfaite; le dessin du meilleur goût.

THE MILLINER.

Here are some embro[i]dered muslin veils, whi[ch] are worth buying. They a[re] of India muslin and beau[ti]fully fine, the patterns a[re] of the best taste.

mad. MELVILLE.

Je prends le plus grand pour moi, et celui-ci pour Lucie. Ayez soin d'en faire usage toutes les fois que vous irez au soleil; cela vous préservera des taches de rousseur.

Mrs MELVILLE.

I will take the largest f[or] myself and this for Luc[y] take care and make use o[f] every time you go into t[he] sun, it will prevent yo[u] being frekled.

LUCIE.

Grand-merci, maman, mon voile est charmant.

LUCY.

Thank you mamma, m[y] veil is charming.

THE MILLINER.

The fashions will be ver[y] rich this winter; they wi[ll] trim a great deal with spang[le] le or pearl; embroidered sa[t]tins and velvets will be wor[n] I am at this moment gettin[g] imitated in embroidery th[e] most valuable stones, such [as] the ruby, emerald and topa[z]

LE M^d DE MODES.

Les modes seront bien riches cet hiver; on garnira avec beaucoup de broderies en paillettes, en perles; on portera du satin, des velours. Je fais en ce moment imiter en broderie les pierres les plus rares, l'émeraude, les rubis, la topaze. L'été, il ne faut que des choses légères. Madame veut-elle voir mes sacs à ouvrages ou ridicules?

In summer only very light things are worn. Madam will you see my work bags or ridicules?

mad. MELVILLE.

Mrs MELVILLE.

Ils sont charmans; je prends les deux de taffetas vert brodés en blanc.

They are very pretty; I shall take the two green silk ones embroidered in white.

LE M^d DE MODES.

THE MILLINER.

Voici encore un carton contenant des gants et des éventails; on porte beaucoup de mitaines.

Here is another band-box containing gloves and fans; mittens are very much in fashion.

mad. MELVILLE.

Mrs MELVILLE.

J'ai une provision de tous ces objets.

I have a good stock of all those things.

LE M^d DE MODES.

THE MILLINER.

Je vois que madame n'achetera pas beaucoup ce matin; il lui faut cependant un second chapeau.

I see, madam, you will not buy much this morning, however, you must take a second hat.

mad. MELVILLE.

Mrs MELVILLE.

Volontiers; je vais prendre celui qui a une plume noire.

With all my heart. I will take the one with a black feather.

LE M^d DE MODES.

THE MILLINER.

Madame va avoir une visite de sa couturière; je l'ai laissée sur la route dans une assez mauvaise voiture de place.

You will receive, madam, a visit from your mantua-maker this morning; I passed her on the road in rather a shabby looking stage-coach.

mad. MELVILLE.

Oui, elle doit venir m'essayer quelques robes; je crois l'entendre: je vais passer dans ma chambre pour la recevoir. Donnez-moi ma petite note, vous savez que je paie toujours ces sortes de bagatelles.

LE M^d DE MODES.

Le tout monte à sept louis; madame me paiera cela à son premier voyage à Paris.

mad. MELVILLE.

Non; Marie va vous apporter cette somme , et je vous fais mille remercîmens de votre attention. Et vous, Lucie , allez étudier votre piano-forte.

Mrs MELVILLE.

Yes, she is coming to try me on some gowns. I think I hear her. I will step into my room to receive her. Give me my little bill, you know I always pay for such trifles.

THE MILLINER.

The whole amounts to seven guineas, madam, you can pay me the first time you come to Paris.

Mrs MELVILLE.

No, Molly will give you the money, and I return you a thousand thanks for your attention. Lucy, go now and practice your piano-forte.

X I.

LA COUTURIÈRE.	THE MANTUA-MAKER.

Madame MELVILLE, LA COUTURIÈRE, et MARIE.

Mrs MELVILLE, THE MANTUA-MAKER, and MOLLY.

mad. MELVILLE.

MARIE, détachez l'épingle de mon fichu. J'ai plusieurs robes à essayer ; il faut que j'ôte ma redingote ; je garderai seulement mon corset et mon jupon.

Mrs MELVILLE.

MOLLY, take the pin out of my neck-handkerchief. I have several gowns to try on, I must take off my habit and shall only keep on my stays and petticoat.

LA COUTURIÈRE.

Madame, je vous en apporte trois. Comme elles sont différentes pour la façon et la coupe, d'après celles-ci je ferai les autres.

THE MANTUA-MAKER.

Madam, I have brought you three, all made in different fashions and shall make the others from these.

mad. MELVILLE.

Ont-elles de très-longues queues ?

Mrs MELVILLE.

Have they very long trains?

LA COUTURIÈRE.

Très-longues, madame ; il faut qu'elles traînent au moins d'une demi-aune : c'est la mode générale.

THE MANTUA-MAKER.

Very long ones, madam, they must train at least half a yard, it is the general fashion.

mad. MELVILLE.

Je la suivrai, cet hiver, à Paris ; mais l'été, à la cam-

Mrs MELVILLE.

I shall follow it this winter at Paris ; but in the sum-

pague, cela est très-incom- | mer it is too inconvenient
mode. | for the country.

LA COUTURIÈRE.   THE MANTUA-MAKER.

Eh bien! madame, je puis les couper. Voici une robe de basin, une de mousseline, une de batiste, et un jupon de taffetas, à essayer.

Well, madam, I can cut them; here is a dimity gown, a muslin one, a cambrick one, and a silk petticoat to try on.

mad. MELVILLE.   Mrs MELVILLE.

Cela sera-t-il long?

Will it take much time?

LA COUTURIÈRE.   THE MANTUA-MAKER.

C'est l'affaire d'un instant. Remarquez, madame, avec quel soin tout cela est cousu; ces points en arrière sont perlés. Je vous ai mis des glands, c'est la mode pour toutes les robes.

It will be done in a moment. See, madam, with what care all that is sewn; that stitching is pearled. I have put tassels, it is now the fashion for all gowns.

mad. MELVILLE.   Mrs MELVILLE.

Porte-t-on toujours beaucoup de tuniques?

Do they still wear tunics?

LA COUTURIÈRE.   THE MANTUA-MAKER.

Oui, madame, sur les robes habillées, et beaucoup de spencers en négligé.

Yes, madam, over dressed gowns; and spencers are much worn in an undress.

mad. MELVILLE.   Mrs MELVILLE.

Ah! dieu, les manches sont trop étroites et les entournures me font beaucoup de mal; il m'est impossible de la garder de cette manière.

Oh dear! the sleeves are too strait, and they hurt me very much under the arms; it is impossible for me to wear it as it is.

LA COUTURIÈRE.

Je vais y donner un ou deux coups de ciseaux, et cela sera réparé.

mad. MELVILLE, *essayant une autre robe.*

Eh bien ! celle-ci est trop large, et les plis ne tombent pas avec grace.

LA COUTURIÈRE.

Il y a trop d'ampleur, la largeur de cette mousseline m'a trompée.

mad. MELVILLE.

La dernière est parfaite ; elle est juste à ma taille : prenez-la pour modèle, et toutes seront bien.

LA COUTURIÈRE.

Je vois ce que j'ai à faire, et madame sera satisfaite.

mad. MELVILLE.

Les dos ne sont-ils pas trop étroits ?

LA COUTURIÈRE.

Non, madame, ils ne doivent pas vous gêner.

mad. MELVILLE.

Peu, à la vérité, ainsi n'y

THE MANTUA-MAKER.

I will just snip it in two or three places, and that will be remedied.

Mrs MELVILLE, *trying on another gown.*

This one is too large and the plaits do not fall gracefully.

THE MANTUA-MAKER.

It is too full, I was deceived by the breadth of the muslin.

Mrs MELVILLE.

The last suits me perfectly well ; it fits my waist ; take it for a pattern and the others will do very well.

THE MANTUA-MAKER.

I see, madam, what there is to do, and you shall be satisfied.

Mrs MELVILLE.

Are not the backs too narrow ?

THE MANTUA-MAKER.

No, madam, I do not think they can hurt you.

Mrs MELVILLE.

But little indeed, there-

touchez pas. Quand m'apporterez-vous mes six robes? J'en suis très-pressée, les ayant achetées pour la campagne.

LA COUTURIÈRE.

Madame les aura samedi prochain; ma première ouvrière les apportera, et jugera s'il n'y a plus rien à y faire.

mad. MELVILLE.

Il faut baisser cette coulisse; et je trouve les gances trop courtes. Marie, aidez-la à ployer ces robes et à refaire son paquet. Adieu, madame, soyez exacte, je vous en prie.

LA COUTURIÈRE.

J'ai trop le desir de conserver la pratique de madame, pour manquer à ma parole.

fore you need not alter them: when will you bring me my six gowns? I am in a great hurry for them, having bought them on purpose for the country.

THE MANTUA MAKER.

You shall have them, madam, next saturday, my first workwoman shall bring them, and she will be able to judge if there be any thing else to do to them.

Mrs MELVILLE.

You must let down this broad hem, and the strings are rather too short. Molly, help her to fold up the gowns and make her bundle. Good morning to you, ma'am; be punctual I beg of you.

THE MANTUA MAKER.

I have too great a wish ma'am, to keep your custom to break my word.

XII.

## LA ## LEÇON DE DANSE.	## THE ## DANCING LESSON.

Madame MELVILLE, M. BEAUPRÉ, maître de danse, et LUCIE.

Mistris MELVILLE, the dancing master Mr BEAUPRE, and LUCIA.

mad. MELVILLE.

JE vous croyois à votre piano, Lucie, et de l'escalier, j'ai entendu la pochette de M. Beaupré : je ne croyois pas que ce fût son jour de leçon.

Mrs MELVILLE.

I thought you were at your piano, Lucy, but from the stairs I heard Mr Beaupre's kit; I did not think it was his lesson to day.

LUCIE.

Pardonnez-moi, maman, c'est aujourd'hui jeudi.

LUCY.

I beg your pardon, mamma, to day is thursday.

mad. MELVILLE.

Il falloit venir m'avertir, vous savez que je me suis fait la loi d'assister à toutes vos leçons.

Mrs MELVILLE.

You should have come and informed me of it; you know very well that I always make a point of being present at your lessons.

M. BEAUPRÉ.

C'est la seule manière d'obtenir une grande attention des écolières. La présence des mamans double pour le moins la valeur des conseils des maîtres.

Mr BEAUPRÉ.

It is the only way to obtain strict attention from scholars. The presence of a mother doubles, at least the value of a master's instruction.

mad. MELVILLE.

Faites bien attention, monsieur, au pied gauche de Lucie; en marchant et en dansant elle le tient toujours en dedans, et les plus jolis pas ne sont rien si les pieds ne sont pas en dehors.

M. BEAUPRÉ.

Je donne les plus grands soins à mademoiselle Lucie, madame, pour la corriger de ce défaut; il tient probablement à la foiblesse de la cheville.

mad. MELVILLE.

Je m'apperçois à la vérité que le pied se tourne à mesure qu'elle se fatigue.

M. BEAUPRÉ.

C'est la preuve de ce que j'avois l'honneur de dire à madame; aussi ai-je soin de tenir mademoiselle aux pas mesurés du menuet pendant presque tout le temps de la leçon.

mad. MELVILLE.

Cela est très-bien fait; on néglige beaucoup trop cette danse qui développe et assure la noblesse du maintien.

Mrs MELVILLE.

Pay great attention to Lucy's left foot; whenever she dances or walks, she always turns it in, and the prettiest steps are nothing, if the feet be not turned out.

Mr BEAUPRÉ.

I pay the greatest attention to miss Lucy, madam, to correct her of that fault; it is probably occasioned by the weakness of her ankle.

Mrs MELVILLE.

I perceive, indeed, that her foot turns, in proportion as she becomes fatigued.

Mr BEAUPRÉ.

That is a proof of what I had the honor of telling you, madam, and I take care to keep miss Lucy to the measured steps of the minuet, during almost the whole of the lesson.

Mrs MELVILLE.

That is right; that dance is too much neglected and it displays and ascertains the dignity of the deportment.

M. BEAUPRÉ, *jouant de sa pochette, et parlant par intervalle.*

Allons, mademoiselle, placez votre corps d'à-plomb.... Levez la tête.... Faites la révérence; doucement, doucement; relevez-vous de même en observant la mesure; très-bien.

mad. MELVILLE.

Je trouve le menton trop haut.

M. BEAUPRÉ.

Ce défaut se corrigera, madame; mais il faut d'abord que j'obtienne de mademoiselle de lever la tête, et je ne le puis qu'avec un peu d'exagération dans mes principes. Les pieds tournés, les genoux bien tendus, la pointe du pied baissée; allons, mademoiselle, très-bien; pliez profondément, c'est le plus important de tous les principes; de là suit naturellement la souplesse et la légèreté de la danse.

mad. MELVILLE.

Je ne suis pas contente des bras, monsieur Beaupré.

M. BEAUPRÉ.

Cela viendra, madame;

Mr BEAUPRÉ, *playing upon his kit and speaking at intervals.*

Come, miss, stand upright... Hold up your head.... Make a curtsey.... Gently, gently, rise in the same manner, and observe the time well.

Mrs MELVILLE.

She holds her chin too high.

Mr BEAUPRÉ.

That defect will wear off, madam, but I must first prevail on her to hold up her head, and I cannot obtain that, without a little exaggeration of my principles. Turn out your feet, straighten your knees and point your foot downwards, very well, bend very low, that is the most important of all principles, it produces suppleness and lightness in dancing.

Mrs MELVILLE.

I am not pleased with her arms, Mr Beaupré.

Mr BEAUPRE.

That will come in time,

cela viendra quand nous serons moins occupés des jambes et du corps. Levez les bras, mademoiselle, et le poignet; alignez l'un et l'autre à la hauteur du coude. Le coude plus arrondi : il n'y a point de graces avec les formes pointues.

madam, when we are less occupied with her legs and body. Raise your arm and wrist, keep them both on a level with your elbows. Your elbow rounder, there is no grace in pointed forms.

mad. MELVILLE.

Très-bien; je trouve qu'elle a fait des progrès.

Mrs MELVILLE.

Very well, I think she is improved.

M. BEAUPRÉ.

J'en suis charmé, madame; votre suffrage est la plus grande récompense que vous puissiez accorder à mes soins.

Mr BEAUPRE.

I am delighted at it, madam : your approbation is the greatest reward you could bestow on me for my pains.

mad. MELVILLE.

Voyons actuellement la gavotte de Vestris; mais faites-lui éviter avec une attention scrupuleuse tout ce qui est exagéré dans le maintien; lorsque la danse d'une jeune personne ramène le plus léger souvenir des graces théâtrales, elle devient un vice d'éducation plutôt qu'un talent.

Mrs MELVILLE.

Let us now see Vestris' gavot; but make her avoid, with the most scrupulous attention, every thing exaggerated in her deportment. When the dancing of a young person gives the least idea of theatrical graces, it becomes a vice of education, rather than an accomplishment.

M. BEAUPRÉ.

J'en suis convaincu, madame, et j'ai deux manières de montrer entièrement différentes; je ne parle pas ici

Mr BEAUPRE.

I am convinced, madam, of what you say, and I have two very different ways of teaching. I do not speak of

d'entrechats. Je ne veux point de pas écartés , ils doivent être soignés , sans avoir le brillant et la manière prononcée qui conviennent aux planches..... Enlevez-vous , mademoiselle , avec grace , sans vous courber. Tout dépend de la manière de ployer les genoux ; très-bien ; ne ralentissez pas la mesure, tournez, avancez, gagnez du terrein , la révérence ; faites-en une seconde , après vous être reculée d'un pas. Cette dernière salutation est censée adressée aux personnes qui ont bien voulu applaudir à votre manière de danser. Allez vous asseoir. Saluez votre danseur au moment où il vient de vous conduire à votre place. Très-bien , mademoiselle.

cross capers : I do not wish for wide steps ; they must be performed with care , without the brilliancy or that bold manner which becomes the stage...... Rise with grace , without stooping , all depends upon the manner of bending your knees. Very well, do not slacken the time, turn , come forward , gain ground , curtesey... Again , after having drawn back your foot ; this last salutation is intended for the persons , who have had the kindness to applaud your manner of dancing. Go and sit down , bend to your partner after he has handed you to your place ; very well , miss.

mad. MELVILLE.

Lorsque Lucie sera reposée, faites-lui, je vous prie, repasser quelques figures de contredanses , et le pas des contredanses anglaises, qu'elle fait mal, ce qui ralentit toujours sa mesure.

M.ʳˢ MELVILLE.

When she has rested herself, I wish you to make her do a few figures of different country dances , and the steps of the english ones which she performs very badly , and for that reason always flackens the time.

M. BEAUPRÉ.

Vous ne voulez pas faire valser mademoiselle votre fille , madame ?

M.ʳ BEAUPRE.

Will you not make your daughter valse , madam ?

mad. MELVILLE.	Mrs MELVILLE.
Non; je suis persuadée que cette mode n'est point faite pour durer.	No, I am sure that fashion will not last.

XIII.

CONVERSATION

DE Mad. MELVILLE AVEC L'INSTITEUR.

Madame MELVILLE, M. DUBOIS, instituteur, donnant des leçons de langue française, de géographie et d'histoire.

mad. MELVILLE.

Permettez, monsieur Dubois, que Lucie aille changer de linge et de hardes; il fait très-chaud, et sa leçon de danse rend cette précaution indispensable.

M. DUBOIS.

On ne sauroit en prendre trop pour conserver un bien aussi précieux que la santé.

mad. MELVILLE.

Il ne faut point trop s'écouter sur cet article, quelqu'important qu'il soit; mais prévenir les accidens quelquefois funestes, et toujours dangereux, par le retard qu'une indisposition, même

A CONVERSATION

between Mrs MELVILLE AND THE PRECEPTOR.

Mistris MELVILLE, Mr DUBOIS, a master who teaches french, geography and history.

Mrs MELVILLE.

Mr Dubois, be so kind as to permit Lucy to go and change her clothes, the weather is very warm and her dancing lesson renders that precaution necessary.

Mr DUBOIS.

One cannot be too careful, to preserve so precious a gift as health.

Mrs MELVILLE.

One must not be too anxious about it, however great its importance may be, but one must endeavour to prevent accidents which are sometimes fatal, but always dangerous, on account of

légère, apporte aux progrès de l'éducation.

M. DUBOIS.

C'est là votre grande affaire, madame ; on voit dans toutes vos actions, dans tous vos discours, que vous en êtes exclusivement occupée.

mad. MELVILLE.

Il faut bien réfléchir avant de se charger d'une tâche aussi importante au bonheur de ses enfans, contempler l'étendue de ses devoirs, mesurer en quelque sorte ses forces, s'y livrer entièrement, ou remettre ce soin entre les mains de personnes estimées qui en font leur unique occupation.

M. DUBOIS.

C'est bien ce que vous avez fait, madame, avec un dévouement peu commun.

mad. MELVILLE.

Lorsque j'obtins de mon mari la permission de nourrir Lucie, je vins m'enfermer quinze mois de suite dans

the delay which an indisposition, though slight, occasions in the progress of education.

Mr DUBOIS.

That appears to be your great business, madam, and one may see by your actions and your conversation, that you are entirely occupied about it.

Mrs MELVILLE.

One should reflect a great deal before one takes upon one's self a business of such importance to the happiness of one's children. One must meditate upon the extent of one's duties, and in some measure try one's strength, give one's self up entirely to it, or trust it to some person whom we esteem and who makes it her sole occupation.

Mr DUBOIS.

That is what you have done madam, with a zeal, seldom to be met with.

Mrs MELVILLE.

When I obtained leave of my husband, to suckle Lucy, I confined myself to this house for fifteen months. I

cette maison. Je sentis qu'il falloit vivre avec la simplicité et la frugalité d'une femme de campagne, et ne pas nourrir sans se faire nourrice. J'ai suivi le même plan pour l'éducation de ma fille; il ne suffit pas de se borner à la simple surveillance d'une mère, il faut se faire institutrice dans toute l'étendue du mot; et pour se livrer à de semblables fonctions, dire adieu aux plaisirs de la société, et cela dans l'âge où les femmes y sont le plus attachées. Que pensez-vous d'une mère qui a seulement l'air de nourrir sa fille et de l'élever?

found it necessary to live with the simplicity of a country woman, and not to suckle without making myself a nurse. I have followed the same plan for the education of my daughter. One must not be contented with the watchfulness of a mother, one must be a preceptor in every sense of the word, and in order to give one's self up to such an employment, one must bid adieu to the pleasures of society, and that, at an age when women are most attached to it. What do you think of a mother who only appears to nurse her child, and look after her education.

M. DUBOIS.

Qu'elle auroit dû ne se charger ni de l'une ni de l'autre de ces fonctions importantes. Mais enfin, madame, vous êtes récompensée de vos soins, de votre persévérance; mademoiselle Lucie est charmante pour son âge.

Mr DUBOIS.

That she should not have meddled with either of those important duties; but however, madam, your cares and perseverance are rewarded, for miss Lucy is a charming girl for her age.

mad. MELVILLE.

Pour son âge est fort bien dit: elle est légère, inappliquée, confiante et disposée à être contente d'elle pour les moindres succès. Si je laissois arriver jusqu'à ma fille les

Mrs MELVILLE.

You do well to say for her age: she is careless, inattentive, self conceited and disposed to be pleased with herself at the least success. If I were to suffer the perfi-

perfides louanges des salons de compagnie, à coup-sûr son éducation seroit manquée.

dious praises of an assembly to reach her ears, her education would be entirely ruined.

M. DUBOIS.

Comment faites-vous donc, madame, pour éloigner de cette jeune fleur le souffle empoisonné de la flatterie ?

Mr DUBOIS.

How do you contrive, madam, to preserve that young flower from the poisonous breath of flattery ?

mad. MELVILLE.

En bornant mon cercle à quelques amis fidèles qui, entièrement d'accord avec moi sur mon plan relativement à Lucie, me demandent si j'en suis contente, et la traitent avec plus ou moins d'égards et de considération, à raison de la réponse qu'on obtient de moi.

Mrs MELVILLE.

By limiting my company to a few real friends, who are intirely of my opinion concerning the plan I have chosen for Lucy, who only ask me whether I am pleased with her, and treat her with more or less regard according to the answer I make them.

M. DUBOIS.

Quant à ce qui me concerne, je suis très-satisfait ; ce qu'elle écrit sous la dictée est fort exact, à peine fait-elle deux ou trois fautes sur deux grandes pages.

Mr DUBOIS.

As to what concerns me, I am very well pleased with her, she writes what I dictate to her very exactly, and scarcely ever makes more than two or three faults in two whole pages.

mad. MELVILLE.

La voici qui revient ; elle m'a bien promis à mon réveil de satisfaire tous ses maîtres.

Mrs MELVILLE.

She is coming ; she promised me when I awoke that all her masters would be satisfied with her.

M. DUBOIS.	**Mr DUBOIS.**
J'espère que la leçon que je lui avois laissée a été apprise.	I hope she has learnt the lesson I left her.
mad. MELVILLE.	**Mrs MELVILLE.**
Ce matin, à son air de confiance, j'ai dû juger qu'elle étoit contente d'elle-même, et j'espère que vous serez satisfait à votre tour.	This morning, I judged from her air of confidence, that she was satisfied with herself, and I hope you will be so too.

XIV.

LEÇON

DE L'INSTITUTEUR.

Les mêmes, et LUCIE.

mad. MELVILLE.

Eh bien, ma fille, avez-vous réuni tout ce qui est nécessaire pour votre leçon ?

LUCIE.

Oui, maman ; dès hier au soir, après avoir étudié, j'ai préparé dans le grand tiroir de votre bureau, mon cahier, mes plumes, mon livre de dictée, ma grammaire, et l'Abrégé de l'histoire de la Grèce, par Goldsmith.

mad. MELVILLE.

C'est très-bien ; approchez un siége, et placez-vous à mon bureau ; ayez soin d'avancer une chaise à M. Dubois. Prenez la plus haute pour vous, sans cela, votre main seroit mal posée pour écrire.

LUCIE.

Monsieur, voulez - vous

THE LESSON

OF THE PRECEPTOR.

The same, and LUCY.

Mrs MELVILLE.

Well, my dear, have you gotten together every thing that is necessary for your lesson ?

LUCY.

Yes, mamma, ever since last night ; after having studied, I prepared, and put in the large drawer of your desk, my writing book, pens, dictating book, grammar, and Goldsmith's abridgment of the History of Greece.

Mrs MELVILLE.

Very well, draw a chair and place yourself before my desk, mind and give one also to Mr Dubois ; take the highest for yourself otherwise your hand will be ill placed for writing.

LUCY.

Sir, will you be so kind

parcourir l'extrait que j'ai fait du douzième chapitre, depuis la naissance de Philippe de Macédoine jusqu'à sa mort ?

mad. MELVILLE.

Pendant ce temps-là, Lucie, donnez-moi mon métier à tapisserie et le sac qui contient mes soies.

LUCIE.

Le voici.

M. DUBOIS.

C'est très-bien, mademoiselle ; l'extrait est fait avec soin, les phrases sont claires et précises ; on voit que vous avez bien entendu, bien senti ce que vous avez exprimé. Voulez-vous me répéter cet article, ou plutôt répondre à quelques questions ?

LUCIE.

Comme vous voudrez, monsieur ; je crois savoir assez bien jusqu'à la naissance d'Alexandre-le-Grand.

M. DUBOIS.

Quel est le premier roi connu positivement pour avoir régné dans la Macédoine ?

as to look over the extract I have made from the twelfth chapter, from the birth, down to the death of Philip of Macedon.

Mrs MELVILLE.

In the mean time, Lucy, give me my tapestry frame, and my silk bag.

LUCY.

Here it is.

Mr DUBOIS.

It is very well, the extract is made with care, the sentences are clear and concise ; one may perceive that you understood and felt what you wrote. Will you repeat it to me, or had you rather answer me a few questions ?

LUCY.

Just as you please, sir, I think I know it pretty well down to the birth of Alexander the great.

Mr DUBOIS.

Who was the first king positively known to have reigned in Macedonia ?

LUCIE.

Caranus, que l'on regardoit comme le seizième descendant d'Hercule.

M. DUBOIS.

Combien d'années resta-t-il sur le trône?

LUCIE.

Vingt-huit ans, et la couronne resta dans sa famille jusqu'à l'époque dont il est question, dans ce chapitre. Mais on ne parle pas de ces rois uniquement occupés à se défendre contre les incursions de leurs voisins, ou livrés à des divisions dans l'intérieur de leur famille.

M. DUBOIS.

Bien, mademoiselle. Comment nommez-vous le père de Philippe?

LUCIE.

Amyntas; il laissa trois fils, Alexandre, Perdicas et Philippe, qui régnèrent successivement. Perdicas eut un fils qui, encore enfant, succéda à son père; mais l'Etat ayant besoin d'un chef expérimenté, il fut déposé, et son

LUCY.

Caranus, who was considered as the sixteenth descendant of Hercules.

Mr DUBOIS.

How many years did he reign?

LUCY.

Twenty eight, and the crown remained in his family till the time mentioned in this chapter. But there is no mention of those kings, who were solely employed in defending themselves against the incursions of their neighbours, or given up to family divisions at home.

Mr DUBOIS.

Very well, miss; who was the father of Philip?

LUCY.

Amyntas. He left three sons : Alexander, Perdicas and Philip, who reigned one after the other. The latter had a son who succeeded his father while he was yet a child; but the state requiring a chief of more expe-

oncle Philippe nommé à sa place.

rience, Amyntas was deposed, and his uncle Philip chosen in his place.

M. DUBOIS.

Très-bien, mademoiselle; continuons. Quel fut le premier soin de Philippe, en montant sur le trône?

Mr DUBOIS.

Very well, miss; let us go on. What was Philip's first care on ascending the throne?

LUCIE.

De remonter l'esprit de son peuple, entièrement abattu par la perte de quatre mille hommes tués dans une bataille récente qui avoit eu lieu contre les Illyriens, et de se faire chérir par tous ses sujets.

LUCY.

To rouse the spirit of his people which had been entirely depressed by the loss of four thousand men, killed in a recent battle fought against the Illyrians; and to endear himself to his subjects.

M. DUBOIS.

Que fit-il encore de très-remarquable?

Mr DUBOIS.

What other remarkable actions did he perform.

LUCIE.

Il s'empressa de rétablir la discipline militaire, et créa la fameuse Phalange macédonienne.

LUCY.

He was eager to re-establish military discipline, and created the famous Macedonian Phalanx.

M. DUBOIS.

Que fit ensuite Philippe?

Mr DUBOIS.

What did Philip do afterwards?

LUCIE.

Il arrangea ses affaires intérieures, termina tous ses

LUCY.

Having settled his interior affairs, and put an end to all

différends avec ses voisins, et tourna ses armes contre les Athéniens. Il prit ensuite la ville de Crénides, bâtie depuis deux ans seulement, à laquelle il donna le nom de Philippi, d'après son propre nom. C'est dans ce lieu qu'il découvrit une mine d'or, qui produisoit par an des sommes considérables.

the disputes with his neighbours, he turned his arms against the Athenians; he after-wards took the town of Crenides, which had been built but two years, and called it Philippi, after his own name. It was in this place that he discovered a gold-mine, which every year produced considerable sums of money.

M. DUBOIS.

Quelle est la guerre qui s'éleva dans la Grèce à cette époque?

Mr DUBOIS.

What war was kindled in Greece at this time?

LUCIE.

La guerre sacrée.

LUCY.

The holy war.

M. DUBOIS.

D'où lui vient cette dénomination?

Mr DUBOIS.

From whence did it derive that name?

LUCIE.

Les Phocéens ayant labouré une pièce de terre qui appartenoit au temple de Delphes, tous les Etats voisins se soulevèrent contre ce sacrilége, et ils furent cités au conseil des Amphictyons, chargé de prononcer sur les sujets sacrés.

LUCY.

The Phoceans having ploughed a piece of land belonging to the temple of Delphos, all the neighbouring provinces rose against this sacrilege, and they were summoned before the council of the Amphictions, whose duty it was to decide on all sacred subjects.

M. DUBOIS.

Comment se termina cette querelle?

Mr DUBOIS.

How did this quarrel end?

LUCIE.

Par la guerre la plus cruelle, pendant laquelle les Thébains faisoient périr les Phocéens prisonniers comme des sacriléges indignes d'exister ; et les Phocéens, par réprésailles, faisoient périr de la même manière les Thébains captifs.

M. DUBOIS.

Philippe se méla-t-il de cette querelle ?

LUCIE.

Non ; Philippe sentit trop bien qu'il gagnoit à voir les Etats de la Grèce s'affoiblir entre eux, et il auroit plutôt encouragé que terminé ces dissensions.

M. DUBOIS.

A quelle époque naquit Alexandre ?

LUCIE.

A la fin de la guerre sacrée.

M. DUBOIS.

Quelle est encore l'époque mémorable qui se rencontre avec celle de la naissance de ce guerrier ?

LUCY.

By the most cruel war, during which, the Thebans put to death the Phocean prisoners, as sacrilegious and unworthy of existing ; and the Phoceans in retaliation put to death, in the same manner, the Theban captives.

M' DUBOIS.

Did Philip interfere in this war ?

LUCY.

No ; Philip saw too well, that it was his interest to let the States of Greece weaken one another, and he would sooner have encouraged, than put an end to their dissensions.

M' DUBOIS.

When was Alexander born ?

LUCY.

At the end of the holy war.

M' DUBOIS.

What other memorable event happened at the birth of this warrior ?

LUCIE.

Il vint au monde le jour même où Erostrate, éphésien, brûla le temple d'Ephèse, pour faire conserver à jamais le souvenir d'un nom qu'il ne pouvoit immortaliser par aucune action éclatante.

M. DUBOIS.

Quel fut le genre d'éducation que Philippe voulut suivre pour son fils?

LUCIE.

Il commença par employer les premières années de son enfance aux talens d'agrément, faits pour perfectionner ses organes et développer son corps, tels probablement que la danse, la musique et d'autres exercices de ce genre; mais lorsqu'il fut temps de former son cœur et son jugement, d'orner son esprit, de fortifier son ame, Philippe fit choix d'Aristote pour lui confier l'éducation d'Alexandre.

M. DUBOIS.

Vous rappelez-vous le sens de la lettre qu'écrivit ce prince à cet homme célèbre, en lui remettant une tâche aussi importante?

LUCY.

He came into the world, on the same day that Erostratus the Ephesian, burnt the temple of Ephesus, to preserve the remembrance of a name, that he could not render immortal by any glorious action.

Mr DUBOIS.

What kind of education did Philip choose for his son?

LUCY.

He began by employing the first years of his infancy in acquiring pleasing talents, to perfect his organs and to unfold the graces of his body, such probably as dancing, music and other exercises of the kind; but when the time was come in which it was necessary to form his heart and his judgment, to adorn his understanding and to fortify his mind, Philip made choice of Aristotle, to whom he instrusted the education of Alexander.

Mr DUBOIS.

Do you remember the sense of the letter which this prince wrote to that celebrated man in confiding to him so important a trust?

LUCIE.

A-peu-près, monsieur, au moins je le crois : « Je ne re- » mercie pas tant les dieux de » m'avoir donné un fils, que » de l'avoir fait naître dans le » siècle où vit Aristote ».

M. DUBOIS.

C'est le sens exact de la lettre, et cela prouve que vous l'entendez parfaitement. Pouvez-vous encore répondre à d'autres questions ?

LUCIE.

J'ai fait l'extrait du règne entier de Philippe, monsieur; mais je ne suis en état de répondre avec exactitude que jusqu'au trait que je viens de citer.

M. DUBOIS.

C'est assez pour que je sois parfaitement satisfait, et j'espère qu'après-demain le reste sera aussi bien placé dans votre mémoire.

LUCIE.

Je continuerai, monsieur, avec la même attention, sachant que je fais plaisir à maman, et connoissant l'utilité

LUCY.

Nearly, sir, at least I believe so : « I thank the gods » less for having given me » a son, than for having » brought him into the world » in the age in which Aris- » totle lives ».

Mr DUBOIS.

Exactly so, miss, it proves that you understand it perfectly well. Can you answer a few more questions ?

LUCY.

I have made an extract of the whole of Philip's reign, sir, but I shall not be able to answer with certainty any more than down to the event I have just mentioned.

Mr DUBOIS.

It is sufficient : I am perfectly satisfied with you, and hope that by the day after to morrow the remainder will be as well impressed on your memory.

LUCY.

I shall continue, sir, with the same attention, knowing that it gives pleasure to mamma, and being well per-

de l'instruction qui m'est donnée.

mad. MELVILLE.

Venez m'embrasser, Lucie.
Je suis parfaitement contente
de vous. Répétez actuellement votre article de Mythologie, et demandez un atlas
pour ce qui regarde la géo-
graphie.

M. DUBOIS.

Cela n'est pas nécessaire,
madame; j'ai donné à mademoiselle quelques pages à apprendre sur des définitions
qui n'exigent aucunes cartes.

suaded of the use of the instruction that is given me.

Mrs MELVILLE.

Come and kiss me, Lucy.
I am perfectly satisfied with
you: you must now repeat
your Mythology, and ask
for an atlas for your geogra-
phy.

Mr DUBOIS.

That is not necessary, madam, I have given miss Lucy, a few pages to learn on
definitions; for which maps
are not requisite.

LEÇON
DE GÉOGRAPHIE
ET DE DICTÉE.

LES MÊMES.

M. DUBOIS.

JE me bornerai à vous faire huit questions, prises à-peu-près au hasard, sur les défi-nitions des termes employés dans la géographie. Com-mençons, mademoiselle.

mad. MELVILLE.

Faites bien attention, ma Lucie ; la moindre distrac-tion peut vous empêcher de répondre d'une manière pré-cise.

M. DUBOIS.

Qu'entendez-vous par géo-graphie ?

LUCIE.

La description de la sur-face de la terre.

M. DUBOIS.

Parfaitement juste. Quelle figure suppose-t-on à la terre ?

LESSON
ON GEOGRAPHY
AND DICTION.

THE SAME PERSONS.

Mr DUBOIS.

I shall only ask you eight questions taken indifferently from the definition of the terms made use of in geogra-phy. Let us now begin.

Mrs MELVILLE.

Pay great attention, my dear Lucy, the least absence of mind may prevent your answering properly.

Mr DUBOIS.

What do you understand by geography ?

LUCY.

A description of the sur-face of the earth.

Mr DUBOIS.

Exactly so. Of what form do we suppose the earth to be ?

LUCIE.

On la suppose ronde, ou bien près de cette forme; c'est pour cette raison qu'on la nomme globe. Sa surface est composée de terre et d'eau.

M. DUBOIS.

Dites-moi ce qu'est un golfe.

LUCIE.

Un golfe est une partie d'eau, un bras de mer qui s'avance dans la terre.

M. DUBOIS.

Dites-nous ce qu'est un fleuve.

LUCIE.

Une source d'eau douce sortant de la terre, et dirigeant son cours vers la mer, telle que la Tamise, le Nil, etc. L'endroit où le fleuve se jette dans la mer, s'appelle bouche.

M. DUBOIS.

A présent, dites-nous ce qu'est un lac.

LUCIE.

Une réunion d'eau environnée de terre, n'ayant au-

LUCY.

It is supposed to be round or nearly so; and for that reason is called a globe. Its surface is composed of earth and water.

Mr DUBOIS.

Tell me what is a gulf?

LUCY.

A part of the water, an arm of the sea which advances into the land.

Mr DUBOIS.

Tell me what is a river?

LUCY.

A spring of fresh water coming from the earth, and directing its course towards the sea, such as the Thames, the Nile, etc. That part of the river which falls into the sea, is called its mouth.

Mr DUBOIS.

Tell me now what is a lake?

LUCY.

A piece of water entirely surrounded by land, and

cune communication visible avec la mer; quelques-uns sont si vastes, qu'on leur donne le titre de mer.

having no visible communication with the sea; some lakes are so vast that they take the name of sea.

M. DUBOIS.

M⁣ʳ DUBOIS.

Qu'est-ce que la mer?

What is the sea?

LUCIE.

LUCY.

Une vaste étendue d'eau, couvrant une grande partie du globe et séparant les continens l'un de l'autre, comme la mer Atlantique.

A large quantity of water covering a great extent of the globe and separating the continents one from another, as the Atlantic.

M. DUBOIS.

M⁣ʳ DUBOIS.

J'aurois dû, en suivant l'ordre de cette leçon, vous demander d'abord comment vous divisez la terre.

To follow the order of this lesson, I should have asked first how you divide the earth.

LUCIE.

LUCY.

En quatre grandes parties, nommées Europe, Asie, Afrique et Amérique, qui sont divisées en royaumes, républiques, etc.

Into four parts, namely: Europe, Asia, Africa and America, which are divided into kingdoms, republics, etc.

M. DUBOIS.

M⁣ʳ DUBOIS.

Et qu'entendez-vous par continent?

And what do you understand by the word continent?

LUCIE.

LUCY.

Une grande portion de erre réunissant plusieurs ré-

A large portion of land, containing several regions

gions, plusieurs pays, et n'étant pas séparée par la mer.

and countries, which are not separated by the sea.

M. DUBOIS.

Très-bien, réellement, mademoiselle Lucie. Voulez-vous actuellement écrire avec attention deux pages sous la dictée ?

Mr DUBOIS.

It is really very well, miss Lucy. Will you now write with attention two pages which I shall dictate to you»

LUCIE.

Très-volontiers, monsieur; voici le troisième volume des Lettres de madame de Sévigné, lettre XVII.

LUCY.

Very willingly, sir; here is the third volume of madam de Sévigné's Letters, letter the XVIIth.

M. DUBOIS.

Approchez votre encrier. Votre plume est-elle bonne ?

Mr DUBOIS.

Put your inkstand nearer. Is your pen good ?

LUCIE.

Oui, monsieur.

LUCY.

Yes, sir.

M. DUBOIS.

L'encre est trop blanche, à ce que je crois.

Mr DUBOIS.

I think your ink is too pale.

LUCIE.

Je vais la remuer.

LUCY.

I will stir it, sir.

M. DUBOIS.

Allons, mademoiselle, commençons. (*Il dicte.*) Alongez votre écriture, ne faites pas descendre vos lignes..... Écrivez droit; très-bien. (*Il*

Mr DUBOIS.

Come now let us begin. (*He dictates.*) You write too small, do not let your lines descend....... write straight. Very well. (*He

continue de dicter, et la jeune personne d'écrire.) Ne négligez pas la ponctuation.... mettez des lettres majuscules aux noms propres, au commencement de chaque alinéa.... Avez-vous fini ?

continues to dictate and the young lady to write.) Do not neglect the punctuation.... Put capital letters at the beginning of proper names and also at the beginning of every sentence..... Have you done ?

L U C I E.

Oui, monsieur.

L U C Y.

Yes, sir.

M. D U B O I S.

Donnez-moi votre cahier ; je vais corriger avec soin, et même avec sévérité.

M^r D U B O I S.

Give me your copy book. I shall correct with care and even severity.

L U C I E.

Oh ! Dieu, je tremble d'avoir fait beaucoup de fautes.

L U C Y.

Oh ! heavens, I tremble lest I should have made many faults.

M. D U B O I S.

Non : seulement deux fautes essentielles, et trois pour des accens oubliés.

M D U B O I S.

No : only two essential ones, and three for accents you have forgotten.

mad. M E L V I L L E.

Soyez tranquille, ma Lucie, car je suis fort satisfaite ; et si vous continuez à mettre ce soin à votre instruction, vous ferez mon bonheur et le vôtre.

M^{rs} M E L V I L L E.

Do not be uneasy, my dear Lucy, for I am very well satisfied, and if you continue to be thus solicitous about your instruction, you will cause both my happiness and your own.

XVI.

LEÇON DE MYTHOLOGIE.

LES MÊMES.

M. DUBOIS.

Sur quelle divinité de la Mythologie pouvez-vous être interrogée, mademoiselle?

LUCIE.

Ce matin, monsieur, j'ai appris en entier ce qui concerne Minerve.

M. DUBOIS.

Eh bien! voyons si vous avez appris avec ce soin et cette attention qui est nécessaire pour savoir parfaitement quelle est l'opinion de la Fable sur la naissance de Minerve?

LUCIE.

Elle sortit tout armée du cerveau de Jupiter, qui, pour lui donner le jour, reçut un coup de hache de Vulcain sur la tête. Minerve, déjà douée de sagesse et de valeur, secourut son père dans la

LESSON ON MYTHOLOGY.

THE SAME PERSONS.

Mr DUBOIS.

Upon which divinity of Mythology may I question you, miss Lucy?

LUCY.

This morning, sir, I learnt every thing relating to Minerva.

Mr DUBOIS.

Well, let us see if you have studied with that care and attention which is so necessary to enable you to be well informed. What is the opinion concerning the birth of Minerva?

LUCY.

She came forth armed from the brain of Jupiter, who in order to bring her into the world received from Vulcan a blow of an ax upon his head. Minerva already endowed with wisdom and

guerre des géans, et s'y distingua beaucoup.

courage assisted her father in the war with the Giants and distinguished herself in it.

M. DUBOIS.

Ne dit-on pas que Minerve étoit la déesse des sciences et des arts ?

Mr DUBOIS.

Is it not said that Minerva was the goddess of arts and sciences ?

LUCIE.

Oui, on lui attribue l'invention de l'art de filer et de broder : ce fut elle qui enseigna aux hommes l'usage des chars, celui de l'olivier ; enfin elle apprit à Apollon à jouer de la flûte.

LUCY.

Yes; they attribute to her, the invention of the arts of spinning and embroidery. It was she, who first taught men the use of chariots and that of the olive tree ; and lastly it was she who taught Apollo to play on the flute.

M. DUBOIS.

N'étoit-ce pas la divinité tutélaire d'Athènes ?

Mr DUBOIS.

Was she not the tutelary deity of Athens ?

LUCIE.

Ce fut elle qui donna son nom à cette ville célèbre. Cécrops venoit de la faire bâtir : Neptune prétendit lui donner son nom. Minerve, qui l'appeloit Athènes, vouloit aussi avoir cet honneur. Les douze grands dieux s'assemblèrent pour prononcer sur le différend, et il fut décidé que la ville porteroit le nom de la divinité qui produiroit l'instant la chose la plus

LUCY.

She gave her name to this famous city. Cecrops had just built it, and Neptune pretended to give it his name. Minerva, who was called Athens, insisted also upon having that honor. The twelve grand deities assembled to decide on this debate, and they agreed that the city should bear the name of that divinity, who should immediately produce the thing of

utile. Neptune, d'un coup de son trident, fit sortir de la terre un cheval, et Minerve un olivier, symbole de la paix. La victoire fut adjugée à Minerve, la ville porta son nom. Elle y fut toujours honorée, et toutes les médailles frappées à Athènes, portent la tête de Minerve.

the greatest use. Neptune with a blow of his trident, caused a horse to spring out of the earth, and Minerva, an olive tree, the symbol of peace. The victory was declared in her favour, and the city took her name. She was ever afterwards honored there, and all the medals coined at Athens bear the head of Minerva.

M. DUBOIS.

N'avoit-elle pas un autre nom ?

Mr DUBOIS.

Had she not another name?

LUCIE.

On l'appeloit aussi Pallas ; c'est sous ce nom qu'elle protégeoit les héros, et particulièrement ceux de la Grèce. Elle favorisa Hercule dans plusieurs de ses travaux, Persée, Diomède, Ulysse ; enfin elle conduisit Télémaque dans ses voyages.

LUCY.

She was called also Pallas. It was under this name that she protected heroes, and particularly those of Greece. She assisted Hercules in several of his labours, and also Persius, Diomedes, Ulysses and lastly she conducted Telemachus in his travels.

M. DUBOIS.

Ne trouva-t-elle pas une rivale dans l'art de broder et de faire des tapis ?

Mr DUBOIS.

Did she not meet with a rival in the arts of embroidery and of making tapestry ?

LUCIE.

Oui : Arachné, fille d'Idmon, de la ville de Colophon, lui disputa la gloire de tra-

LUCY.

Yes : Arachne daughter of Idmon, of the town of Colophon disputed with her

vailler mieux qu'elle en toile et en tapisserie. La déesse accepte le défi ; les métiers sont dressés ; et Minerve voyant que l'ouvrage d'Arachné étoit supérieur au sien, fut si piquée, qu'elle lui jeta sa navette à la tête. La pauvre Arachné se pendit de désespoir, et les dieux, par pitié, la changèrent en araignée.

the glory of working better than she in linen and tapestry. The goddess accepted the challenge ; the frames were prepared, and Minerva seeing that the work of Arachne was superior to hers, was so mortified that she threw her shuttle at her head; the unfortunale Arachne hung herself in despair and the gods through pity, changed her into a spider.

mad. MELVILLE.

Vous voyez que les païens ne se piquoient pas de donner de grandes vertus à leurs divinités.

Mrs MELVILLE.

You see that the heathens did not pretend to attribute great virtues to their gods.

LUCIE.

Non assurément, la jalousie et la colère sont des défauts qui ne sont pas faits pour répondre à l'idée que l'on se forme d'une immortelle; mais la protection des autres dieux me paroît tout aussi blâmable.

LUCY.

No, certainly, jealousy and passion are defects which do not correspond with the idea one forms of a deity ; but the protection of the other gods seems to me quite as blamable.

mad. MELVILLE.

En quoi?

Mrs MELVILLE.

In what?

LUCIE.

Il me semble que les dieux, en laissant à Arachné, sous sa nouvelle forme, la faculté de continuer ses travaux, l'ont condamnée à un sup-

LUCY.

It appears to me that by leaving Arachne, under her new form, the power of continuing her work, they condemned her to torments a

plice cent fois pire que la mort; car ses ouvrages sont si peu agréables et si opposés à la propreté, qu’elle voit sans cesse ses travaux détruits par les hommes. Encore si cette belle fileuse eût été changée en ver-à-soie !

mad. MELVILLE.

Il est sûr qu’elle verroit accorder plus d’estime à ses ouvrages.

M. DUBOIS.

Qui Minerve crut-elle devoir priver de la vue ?

LUCIE.

Tirésias, qui avoit eu la témérité de la regarder dans le bain.

M. DUBOIS.

Quel est l’instrument qui fut inventé par Minerve ?

LUCIE.

La flûte; mais voyant avec raison que cet instrument n’étoit pas fait pour donner des graces aux femmes, elle le jeta dans le Méandre, où Marsyas le trouva.

M. DUBOIS.

Comment nomme-t-on le

hundred times worse than death : for her labours are so disagreeable and so contrary to cleanliness, that she continually sees her works destroyed by mankind. I think they should have changed her into a silkworm.

M MELVILLE.

Her works would certainly have been much more esteemed.

Mr DUBOIS.

Who did Minerva think proper to deprive of sight?

LUCY.

Tiresias, who had the temerity to look at her in the bath.

Mr DUBOIS.

What instrument did Minerva invent ?

LUCY.

The flute ; but finding, and with reason, that this instrument did not add to the graces of women, she threw it into the Meander where Marsias found it.

Mr DUBOIS.

What is the name of the

bouclier dont Minerve faisoit un constant usage?

shield that Minerva always made use of.

LUCIE.

LUCY.

On l'appeloit Egide. On prétend que c'étoit un présent de Jupiter, mais qu'elle y avoit attaché la tête de Méduse, pour la rendre plus terrible. Le mot Egide est devenu un proverbe, pour indiquer une armure défensive à l'abri de tous les coups; pour dire, défendez-moi, mettez-moi hors de tout atteinte, on dit: *Prenez-moi sous votre égide.*

It was called Œgis. They pretend that it was a present from Jupiter, but in order to render it more terrible, she placed upon it the head of Medusa. The word Œgis is become a proverb, to denote defensive armour to protect one from blows; therefore to say, keep me free from danger, one says: *Take me under your œgis.*

M. DUBOIS.

Mr DUBOIS.

Qu'avez-vous encore à citer relativement à Minerve?

What else have you to relate besides the œgis, concerning Minerva?

LUCIE.

LUCY.

Le Palladium, image de Pallas à laquelle étoit attaché le sort de Troie. Cette statue, haute de trois coudées, tenoit une pique de la main droite, une quenouille et un fuseau de la gauche. On disoit que Jupiter l'avoit fait tomber du ciel près de la tente d'Ilus, lorsqu'il bâtissoit la citadelle d'Ilion. Ulysse et Diomède parvinrent à enlever le Palladium avant la chute de Troie.

The Palladium, which was an image of Pallas, on which depended the fate of Troy. This statue which was three cubits high, held in its right-hand a spear, and in its left a spindle and distaff. They say that Jupiter let it fall from heaven near the tent of Ilus, whilst he was building the citadel of Ilion. Ulysses and Diomèdes found means to carry it off before the fall of Troy.

M. DUBOIS.

Comment représente-t-on Minerve?

LUCIE.

Vêtue d'une longue tunique, l'égide sur sa poitrine, et quelquefois la tête de Méduse sur son casque; son char est traîné par des chouettes, cet oiseau étant celui de Minerve.

M. DUBOIS.

Je suis vraiment très-satisfait, madame, et je pense que vous l'êtes de même. Quel jour desirez-vous que je vienne donner ma leçon?

mad. MELVILLE.

Après-demain; son maître de chant et celui de dessin viennent ici dîner pour rester jusqu'à demain au soir, et elle aura à-peu-près quatre heures à donner à ces deux maîtres, demain dans la matinée; il faut aussi qu'elle prépare ce qu'elle doit vous répéter.

M. DUBOIS.

Je vous questionnerai, mademoiselle, sur tout ce qui concerne le dieu Mars; et quant à l'histoire de la Grèce,

Mr DUBOIS.

How is Minerva represented?

LUCY.

Clothed in a long tunic, with her œgis on her breast and some times the head of Medusa on her helmet, her car drawn by owls, this being her bird.

Mr DUBOIS.

I am really very well satisfied, madam, and I think you must be so likewise. What day do you wish me to come and give my lesson?

Mrs MELVILLE.

The day after to morrow, her singing and drawing masters come to dine here, and she will spend at least four hours with them to morrow morning; she must also prepare what she has to repeat to you.

Mr DUBOIS.

I shall question you, miss, on every thing relative to the god Mars, and as to the history of Greece, I beg you

terminez, je vous prie, le règne de Philippe de Macédoine.

will finish the reign of Philip of Macedon.

LUCIE.

J'espère, monsieur, que vous serez aussi content de moi après-demain qu'aujourd'hui.

LUCY.

I hope, sir, you will be as much pleased with me the day after to morrow as you are to day.

M. DUBOIS.

Dans ce cas, je le serai beaucoup.

Mr DUBOIS.

In that case I shall be perfectly contented.

XVII.

LE	THE

MAITRE-D'HÔTEL.

STEWARD.

Mad. MELVILLE, LUCIE, et LE MAITRE-D'HÔ-TEL.

Mrs MELVILLE, LUCY, and THE STEWARD.

mad. MELVILLE.

IL faut que je m'occupe de mon dîner. Lucie, appelez le maître-d'hôtel, que je sache ce que nous avons aujourd'hui, car j'attends au moins quinze personnes de Paris.

Mrs MELVILLE.

I must think about my dinner, Lucy, call the steward, that I may know what we have to day, for I expect at least fifteen persons from Paris.

LUCIE.

Maman, le voici.

LUCY.

Mamma, here he is.

LE MAÎTRE-D'HÔTEL.

Madame a beaucoup de monde à dîner aujourd'hui?

THE STEWARD.

Madam, have you a great deal of company to dine with you to day.

mad. MELVILLE.

Beaucoup.

Mrs MELVILLE.

Yes.

LE MAÎTRE-D'HÔTEL.

Heureusement, madame, que j'étois prévenu. Hier, après mon service, j'ai été à Paris faire les provisions né-cessaires. Car à la campa-

THE STEWARD.

I was luckily, madam, previously informed of it. After my yesterday's oc-cupations were ended, I went to Paris to purchase

gne, excepté la volaille, les fruits, les légumes, on ne trouve rien du tout.

mad. MELVILLE.

Il y en auroit bien assez pour moi, si j'y vivois en famille ; mais lorsqu'on a du monde à recevoir, on veut offrir des choses plus recherchées.

LE MAÎTRE-D'HÔTEL.

Aussi, madame, ai-je apporté un turbot superbe, une très-belle truite, deux brochets, une hure de saumon, des bécasses, des perdrix rouges, des cailles, un faisan.

mad. MELVILLE.

Cela est bien considérable.

LE MAÎTRE-D'HÔTEL.

Ce que madame ne voudra pas, restera dans le garde-manger, et servira un autre jour.

mad. MELVILLE.

Eh bien, je désire un premier service de dix plats, deux fortes pièces aux deux bouts de la table, qui releveront les deux potages.

---

the necessary provisions, for in the country, excepting poultry, fruit and vegetables, there is nothing to be found.

Mrs MELVILLE.

That would be sufficient for me, if I led a private life ; but when one is obliged to entertain company, one wishes to offer them something less common.

THE STEWARD.

For that reason, madam, I have brought a beautiful turbot, a very fine trout, two pikes, the head of a salmon, some wood-cocks, red-partridges, quails and a pheasant.

Mrs MELVILLE.

I think you have bought a great deal.

THE STEWARD.

What you will not have cooked madam, will remain in the larder and will serve for another day.

Mrs MELVILLE.

Well, I desire the first course may consist of ten dishes. Two solid ones at each end of the table, to be served up after the soups.

LE MAÎTRE-D'HÔTEL.

On mettra le dormant au milieu ?

mad. MELVILLE.

Oui, sans doute.

LE MAÎTRE-D'HÔTEL.

Lequel des deux, madame ?

mad. MELVILLE.

Celui garni de figures blanches.

LE MAÎTRE-D'HÔTEL.

Et pour le second service ?

mad. MELVILLE.

Le même nombre de plats, dont quatre seront en pâtisseries agréables. J'ai beaucoup de jeunes personnes à dîner, et elles aiment de préférence les sucreries.

LE MAÎTRE-D'HÔTEL.

Quant au dessert, madame, il sera superbe, votre officier s'en occupe depuis deux jours. Vous avez des compottes de poires, d'oranges, de pommes ; des marrons glacés, des fromages à la crême, des biscuits, des glaces imitant les fruits, d'au-

THE STEWARD.

Must the epurn be placed in the middle ?

MRS MELVILLE.

Yes, to be sure.

THE STEWARD.

Which of the two, madam ?

MRS MELVILLE.

That which is ornamented with white figures.

THE STEWARD.

And for the second course?

MRS MELVILLE.

The same number of dishes, four of which must be of nice pastry. I have several young people to dine with me, and they prefer sweet things.

THE STEWARD.

As for your desert it will be superb, madam, your confectioner has been employed about it these two days. You will have preserved pears, oranges, and apples ; candied chesnuts, cream cheeses, biscuits, ices to imitate fruits, others in

tres en tasses, en fromages, et de très-beaux ananas.

the forms of cups and cheeses and very fine pine-apples.

mad. MELVILLE.

Ce sera fort bien.

Mrs MELVILLE.

That will do very well.

LE MAÎTRE-D'HÔTEL.

Quels vins madame désire-t-elle ?

THE STEWARD.

What wines do you choose madam ?

mad. MELVILLE.

Vous mettrez, dès le premier service, deux bouteilles de vieux Volney et deux de Bordeaux ; au second, du Champagne et du vin de Grave.

Mrs MELVILLE.

For the first course you may serve two bottles of old Volney, and two of Claret; for the second course, some Champaign and Grave wine.

LE MAÎTRE-D'HÔTEL.

Et pour le dessert.

THE STEWARD.

And for the desert.

mad. MELVILLE.

Du vin de Constance, du Malaga, du Madère et du Rota. Quant aux liqueurs, vous les placerez près de moi. Je désire de la crême des Barbades, du marasquin, de l'anisette de Bordeaux, et du tesser de Grenoble.

Mrs MELVILLE.

Constance, Malaga, Madeira and Rota wine. As for the liqueurs you may place them near me. I should like some Barbadoes cream, some marasquin, some anisette of Bordeaux, and some tesser of Grenoble.

LE MAÎTRE-D'HÔTEL.

Madame veut-elle indiquer le service dont on fera usage pour le linge de table et les porcelaines?

THE STEWARD.

Will you let me know, madam, what table linen and which service of china you would wish to be used to day ?

mad. MELVILLE.

Vous demanderez à ma femme-de-charge une des grandes nappes de coton des Indes, et les serviettes semblables. Pour les porcelaines, je désire tout mon service blanc et or; que tout soit servi avec ordre et attention.

LE MAÎTRE-D'HÔTEL.

Madame peut s'en rapporter à moi et à mon zèle.

Mrs MELVILLE.

Ask my house-keeper for one of the large Damask table cloths, and the napkins like it. As for the China I will have the white and gold service. Let every thing be served with order and care.

THE STEWARD.

You may depend, madam, upon my care and attention.

XVIII.

## VISITE	## THE VISIT
### DE DEUX MAITRES.	### OF TWO MASTERS.

Mad. MELVILLE, LUCIE, M. DESFOSSES, maître de chant, et M. BALEZI, maître de langue italienne.

Mrs MELVILLE, LUCY, Mr DESFOSSES, singing-master, and Mr BALEZI, Italian-master.

LUCIE.

Bon Dieu! maman, voici M. Balezi et M. Desfosses; vous m'aviez dit que ce n'étoit pas mon jour pour prendre leurs leçons.

LUCY.

Oh! mamma, here is Mr Balezi, and Mr Desfosses: you told me I was not to take their lessons to day.

mad. MELVILLE.

Je crois qu'ils profitent de mon invitation pour venir me voir à la campagne, et qu'ils ne vous donneront leçon que demain matin.

Mrs MELVILLE.

I believe they take advantage of the invitation I gave them to come and see me in the country, and that they will not give you a lesson till to morrow morning.

LUCIE.

Ah! j'en suis charmée, car je n'avois rien préparé pour eux, et ils n'auroient pas été satisfaits.

LUCY.

Oh! I am very glad of it, for I had nothing prepared for them and they would have been displeased with me.

mad. MELVILLE.

Je suis bien aise de vous voir cette crainte de leur dé-

Mrs MELVILLE.

I am delighted to hear you express a fear of dis-

plaire ; les jeunes personnes qui ne connoissent pas la honte d'avouer qu'elles n'ont pas étudié, ou d'en donner la preuve, font bien peu de progrès. (*Les deux maîtres sont introduits.*) Bonjour, messieurs ; je suis charmée de vous voir de si bonne heure, car j'ai l'espoir de vous garder jusqu'à demain au soir.

pleasing them. Young people who do not feel ashamed of owning that they have not studied, or of giving proofs of it, make but little progress. (*The two masters are introduced.*) Good day to you gentlemen, I am delighted to see you so early, for I hope to keep you till to morrow evening.

M. DESFOSSES.

Nous avons profité de votre obligeante invitation, madame. Nous ne parlerons pas de leçons aujourd'hui à mademoiselle Lucie, mais demain, je la demanderai depuis dix heures jusqu'à onze, et mon camarade de voyage l'occupera depuis onze jusqu'à midi.

Mr DESFOSSES.

We have taken advantage of your obliging invitation, and shall not talk of our lessons to day, to miss Lucy, but to morrow I shall require her presence from ten to eleven, and my fellow traveller from eleven to twelve.

LUCIE.

Vous me faites grand plaisir de remettre les leçons à demain, car il est bien tard. J'ai ma toilette à faire, nous avons du monde à dîner, et puis, pour être sincère, j'ai peu étudié le chant et l'italien.

LUCY.

You give me great pleasure by putting off your lessons till to morrow, for it is very late and I have to dress myself. We have campany to dinner, and to tell you the truth, I have studied but little at my singing and Italian.

M. DESFOSSES.

Quoi ! mademoiselle, avez-vous négligé de filer des sons, et de répéter vos exercices,

Mr DESFOSSES.

What ! miss, have you neglected to practise your singing, to repeat your exer-

en vous accompagnant sur le piano ?

M. BALEZI.

Et ces verbes irréguliers que vous m'aviez promis d'apprendre, les savez-vous, mademoiselle ?

LUCIE.

Je suis bien matinale, et demain, à l'heure que vous m'indiquerez, je serai en état de vous satisfaire l'un et l'autre.

mad. MELVILLE.

J'ose vous en assurer; ma Lucie a le desir le plus sincère d'encourager ses maîtres par son travail, et, quoique bien jeune, elle sent tout le prix d'une bonne éducation.

M. DESFOSSES.

Vous aurez aussi demain, à deux heures, votre maître de piano-forte.

LUCIE.

Ah! pour lui, il sera satisfait, car je sais en entier la sonate qu'il m'avoit donnée à déchiffrer.

mad. MELVILLE.

Vous avez toujours beau-

cises, and to accompany your self on the piano ?

Mr BALEZI.

And do you know the irregular verbs you promised to learn ?

LUCY.

I rise very early, and to morrow morning at whatever hour you may fix, I shall be able to satisfy you both.

Mrs MELVILLE.

I dare assure you, gentlemen, that my Lucy has the most sincere desire of encouraging her masters, by her assiduity, and though very young, she knows the value of a good education.

Mr DESFOSSES.

Your music-master will also be here to morrow, at two o' clock.

LUCY.

Ah ! he will be pleased with me, for I know the whole sonata he gave me to decipher.

Mrs MELVILLE.

Without doubt, gentle-

coup d'écoliers à Paris, sans doute, messieurs?

men, you still continue to have a great many scholars at Paris?

M. BALEZI.

Nous ne pouvons y suffire, et notre état est bien fatigant; il faut courir du matin au soir, et faire plusieurs lieues, car les distances à Paris placent quelquefois une élève à une lieue d'une autre; aussi sommes-nous excédés le soir.

Mr BALEZI.

We cannot satisfy them all, and our profession is very fatiguing, being obliged to run about from morning till night, and to walk several leagnes : for one pupil, at Paris is sometimes at the distance of a leagine from another, and indeed we are tired to death at night.

M. DESFOSSES.

Pour moi, je finis toutes mes affaires à quatre heures, et je termine délicieusement mes journées aux Bouffons, où j'ai mes entrées.

Mr DESFOSSES.

As for me, my business is oyer at four o'clock, and I finish the day very agreeably at the Opera Buffa, where I have free admission.

M. BALEZI.

Vous êtes bien heureux; je ne suis entièrement libre qu'à huit heures du soir.

Mr BALEZI.

You are very fortunate; I am not at liberty till eight o'clock in the evening.

mad. MELVILLE.

Accoutumés l'un et l'autre au bruit et aux courses de Paris, vous devez trouver ce séjour bien calme.

Mrs MELVILLE.

Being both accustomed to the noise and bustle of Paris, you must find this retreat very quiet.

M. DESFOSSES.

Nous en sommes enchantés; et demain, dès six heures du matin, nous parcourrons

Mr DESFOSSES.

We are delighted with it, and tomorrow at six o'clock in the morning, we will sur-

tous vos délicieux jardins; les amis des arts sont, vous le savez, madame, grands admirateurs des beautés de la nature.

mad. MELVILLE.

J'aurai soin, ce soir, de vous remettre mon passe-partout; il vous servira pour toutes les grilles, pour les serres, pour le jardin fleuriste qui est charmant. Vous pourrez aussi aller à ma ferme. J'ai une jolie laiterie, où vous êtes bien les maîtres de demander du lait, ou du beurre nouvellement battu. Jouissez de toute la maison, je vous prie, comme si vous étiez chez vous.

M. DESFOSSES.

On n'est pas plus obligeant que vous, madame; mais je vous prie de croire que nous en sommes très-reconnoissans.

mad. MELVILLE.

Je vous quitte pour aller m'habiller. Vous convient-il de faire une partie de billard en attendant le dîner?

M. DESFOSSES.

Très-volontiers, madame; je ne suis pas très-adroit,

vey your delightful gardens; you know, madam, that those who love the arts are also great admirers of the beauties of nature.

M.rs MELVILLE.

I will not forget this evening to leave you my master-key, it opens all the gates, the hot-houses and the flower-garden, which is delightful. You may also go to my farm. I have a charming dairy, where you may ask for some milk or butter quite fresh. Make use of every thing in the house, I beg of you, as if you were at home.

M.r DESFOSSES.

It is impossible to be more obliging than you are, madam, I beg you to believe that we are truly grateful for it.

M.rs MELVILLE.

I must now leave you to go and dress myself: would you like to play a game at billiards before dinner?

M.r DESFOSSES.

Willingly, madam, I am not very expert at it, but I

mais j'avoue que je ne crains pas la force de mon adversaire.

confess I do not fear the skill of my adversary.

M. BALEZI.

Vous avez tort; je suis, je crois, en état de vous remettre six points.

M. DESFOSSES.

C'est ce que nous allons voir.

mad. MELVILLE.

Lucie, saluez ces messieurs, et suivez-moi.

Mr BALEZI.

You are in the wrong, I think I am able to give you six points.

Mr DESFOSSES.

We shall see that.

Mrs MELVILLE.

Lucy, make a curtsy to these gentlemen and follow me.

XIX.

LA TOILETTE.

Mad. MELVILLE, LUCIE, MARIE, et LA BONNE de Lucie.

LA BONNE.

QUEL fourreau mettrai-je à mademoiselle Lucie aujourd'hui, madame ?

LUCIE.

Ah ! maman, permettez que ce soit cette jolie mousseline brodée à jour, dont papa m'a fait présent.

mad. MELVILLE.

Non, Lucie, pas aujourd'hui.

LUCIE.

Mais, maman, nous avons beaucoup de monde cependant, et mes petites amies seront très-parées.

mad. MELVILLE.

C'est justement par cette raison qu'il faut leur laisser tout le plaisir de leur toilette, et être seulement mise avec goût et simplicité.

THE TOILET.

Mrs MELVILLE, LUCY, MOLLY, and LUCY'S MAID.

LUCY'S MAID.

MADAM, what frock shall miss Lucy put on this morning ?

LUCY.

Ah ! mamma pray let it be that pretty open-worked muslin one which papa made me a present of.

Mrs MELVILLE.

No, Lucy, not to day.

LUCY.

But, mamma, we have a great deal of company and my young friends will be well drest.

Mrs MELVILLE.

For that very reason, you ought to leave the pleasure of the toilet to them, and be only dressed yourself with taste and simplicity.

LUCIE.

Cela est singulier, maman, je ne comprends pas quel est ce genre d'attention.

mad. MELVILLE.

Je ne le donne pas comme règle générale, mais comme opinion particulière. Je trouve beaucoup d'égards dans ce procédé. Chez soi, il faut essentiellement plaire à tout le monde ; et laisser briller les femmes, est un moyen presque sûr d'y réussir. Je réserve mes grandes parures pour les jours où je vais chez les autres.

LUCIE.

Ainsi, maman, je mettrai une robe blanche unie.

mad. MELVILLE.

Oui, ma fille.

LUCIE.

Et comment me coifferai-je ?

mad. MELVILLE.

Simplement avec vos cheveux ; mettez des papillottes à ceux de devant, et faites

LUCY.

That is very extraordinary, mamma, I do not understand the meaning of that distinction.

Mrs MELVILLE.

I do not set it down as a general rule, but as a private opinion. I think it very respectful to act thus. At home, one should endeavour to please every body, and leaving the ladies to appear to the greatest advantage is a sure method of succeeding. I keep my full dress for visiting other people.

LUCY.

Then, mamma, I will put on a plain white gown.

Mrs MELVILLE.

Yes, my dear.

LUCY.

And how shall I dress my hair ?

Mrs MELVILLE.

Without any ornament. Curl your hair in the front, and have it plaited behind.

nâtter les autres. Quand vous sortirez, vous prendrez votre chapeau de taffetas blanc.

When you go out, put on your white silk hat.

LUCIE.

Quel collier puis-je mettre?

LUCY.

What neck-lace shall I put on?

mad. MELVILLE.

Vos chaînes de Venise, avec votre médaillon.

Mrs MELVILLE.

Your Venetian chain and your locket.

LUCIE.

Prendrai-je des boucles d'oreilles?

LUCY.

Shall I wear my ear-rings?

mad. MELVILLE.

Non, vos anneaux d'or simplement.

Mrs MELVILLE.

No, only your plain gold rings.

MARIE.

Et vous, madame, que désirez-vous pour aujourd'hui?

MOLLY.

Madam, what will you please to wear to day?

mad. MELVILLE.

Il faut d'abord me coiffer. Approchez ma glace, et donnez-moi mon peignoir.

Mrs MELVILLE.

You must first dress my hair: give me my looking glass and my combing-cloth.

MARIE.

Madame veut-elle se coiffer à la grecque?

MOLLY.

Will you have your hair dressed in the grecian style?

mad. MELVILLE.

Non; relevez simplement

Mrs MELVILLE.

No, only plait it and turn

mes chéveux après les avoir nattés, et donnez-moi mon peigne garni de perles.

it up with my comb set with pearls.

MARIE.

Quels souliers donnerai-je à madame?

MOLLY.

What shoes shall I bring you madam?

mad. MELVILLE.

Les derniers que j'ai mis.

Mrs MELVILLE.

Those I wore last.

MARIE.

De taffetas puce, je crois, madame?

MOLLY.

The puce coloured silk ones, I believe.

mad. MELVILLE.

Oui; je veux aussi une paire de bas de soie à coins brodés, et ma robe de mousseline brochée en lilas.

Mrs MELVILLE.

Yes: and give me also a pair of silk stockings with embroidered clocks, and my lilac spotted muslin gown.

MARIE.

Quels bijoux madame désire-t-elle prendre dans son écrin?

MOLLY.

What ornaments, madam, shall I take out of your casket?

mad. MELVILLE.

Un rang de perles pour collier, et les bracelets pareils, qui s'attachent avec un petit cadenas d'or.

Mrs MELVILLE.

A pearl neck-lace and bracelets of the same, which shut with a little gold padlock.

LUCIE, *à sa Bonne, avec humeur.*

Ah! Dieu, comme vous me serrez! vous y allez d'une

LUCY, *angrily to her Maid.*

Good God! how you squeeze me, I am almost sti-

force à m'étouffer ; vous êtes bien mal-adroite.

fled ; you are very awkward.

LA BONNE.

Ah ! mademoiselle, quel ton d'humeur ! Je suis bien aise que madame en soit témoin ; peut-être n'auroit-elle pu m'en croire, si j'avois été forcée de lui en rendre compte.

THE MAID.

Ah miss ! how crossly you speak ! I am very glad your mamma is witness to it, perhaps she would not have believed me, had I been obliged to have imformed her of it.

mad. MELVILLE.

Vous vous trompez, ma chère, je vous en aurois cru ; si je n'avois pas en vous la plus entière confiance, vous ne seriez pas chargée de soigner Lucie ; mais pour l'avoir entendue, je n'en suis pas moins étonnée et mécontente.

Mrs MELVILLE.

You are mistaken, I should have believed you. Had I not placed an entire confidence in you, you would not have had the care of Lucy, but I am not less astonished than displeased at having heard it.

LUCIE.

Mais, maman, si vous saviez comme elle me serroit.

LUCY.

But, mamma, if you did but know how she squeezed me.

mad. MELVILLE.

Eh bien ! sans prendre un ton d'une humeur impardonnable, ne pouviez-vous en avertir votre Bonne ? Pourquoi, pour une légère contrariété, vous exposer à l'affliger, elle qui vous a reçue quand vous êtes venue au monde, et qui, depuis cet ins-

Mrs MELVILLE.

Well, without speaking angrily, which is always unpardonable, could you not have told her of it ? How can you for a trifling inconvenience run the risk of hurting her feelings ; she who received you when you first came into the world ; and

tant n'a cessé d'être occupée de vous? Ma Lucie, vous me disiez hier qu'une douleur physique vous paroissoit moins à craindre qu'une peine morale?

LUCIE.

Eh bien! maman, quelle application faites – vous de cette opinion?

mad. MELVILLE.

Regardez votre Bonne; des larmes coulent de ses yeux.

LUCIE, *interrompant sa maman.*

Ah! je vous entends, maman; je lui ai fait mille fois plus de mal qu'elle n'avoit pu m'en faire. (*Se jetant dans les bras de sa Bonne.*) Ma bonne amie, pardonnez à votre Lucie, elle n'aura jamais de pareilles vivacités, je vous le jure.

LA BONNE.

Je pleurois uniquement en pensant, ma chère Lucie, aux chagrins que ce caractère violent vous prépare dans l'avenir.

who from that moment has continually been employed about your person. Lucy, you told me yesterday that a bodily uneasiness seemed to you less to be feared than a mental one.

LUCY.

Well, mamma, what application do you now make of that opinion?

Mrs MELVILLE.

Look at your maid, the tears trickle down her cheeks.

LUCY, *interrupting her mother.*

Ah! I understand you, I have given her a thousand times more pain, than she could possibly have given me. (*Throwing herself into the arms of her maid.*) My dear friend, pardon your Lucy, never will she again act so hastily, I promise you.

THE MAID.

I only wept, my dear Lucy, at the idea of the torments which this violent temper is preparing for you in future.

LUCIE.

Quoi ? c'étoit encore par amitié pour moi que vous etiez affligée ? que vous êtes bonne !

LA BONNE.

Comment ne désirerois-je pas de vous voir parfaite, et comment ne pas l'espérer, quand je vous vois, mademoiselle, l'objet constant des soins de la maman la plus éclairée et la plus sensible ? Jugez quelle peine je dois éprouver, quand je m'apperçois que l'on n'est pas encore parvenu à faire disparoître les défauts de votre première enfance !

LUCIE.

Ils disparoîtront, soyez-en sûre, ma Bonne ; votre doute me met au désespoir.

mad. MELVILLE.

J'ose répondre de Lucie ; son cœur triomphera de ces mouvemens de vivacité si inconsidérés. Embrassez tendrement votre Bonne, et qu'il ne soit plus question entre vous d'un moment fâcheux, que votre conduite à venir réparera entièrement.

LUCY.

What ! was it through friendship for me that you were thus grieved ? How good you are !

THE MAID.

How can I help desiring to see you perfect, or cease to hope for it when I see you the continual object of the care, of the most enlightened and the most tender of mothers. Judge of the grief I must feel when I see that she has not been able to correct the imperfections of your infancy.

LUCY.

They will disappear, be assured of it, my dear nurse; your doubts give me the greatest pain.

Mrs MELVILLE.

I dare answer for Lucy, her heart will triumph over those hasty and inconsiderate emotions. Embrace your nurse tenderly, and let us think no more of so disagreeable a moment which your future good conduct will atone for.

LUCIE.

Ah ! maman , j'ose vous en assurer.

LUCY.

Ah ! mamma, that it shall, I assure you.

XX.

LE SALON,	THE DRAWING-ROOM
AVANT L'ARRIVÉE DE LA SOCIÉTÉ.	BEFORE THE ARRIVAL OF THE COMPANY.

Madame MELVILLE et LUCIE.	Mistriss MELVILLE and LUCY.

mad. MELVILLE.

Mʳˢ MELVILLE.

DONNEZ-MOI mon métier, Lucie ; prenez votre sac à ouvrage, et venez vous placer près de moi ; de cette fenêtre nous verrons arriver par la grande avenue du château, toutes les personnes qui viennent dîner.

GIVE me my frame, Lucy; take your work-bag and come and sit by me: from this window we shall see all the people who are to dine here arrive by the avenue.

LUCIE.

LUCY.

Croyez-vous, maman, que nous ayons le bonheur d'avoir papa aujourd'hui ?

Do you think, mamma, we shall have the pleasure of seeing papa to day?

mad. MELVILLE.

Mʳˢ MELVILLE.

Non, ma fille ; j'ai reçu de lui une lettre ce matin, dans laquelle il me mande qu'un rendez-vous avec des gens d'affaires, fixé à sept heures du soir, le prive du plaisir qu'il s'étoit promis en venant nous aider à recevoir nos amis.

No, my dear, I this morning received a letter from him, in which he tells me that an appointment with people on business which is fixed at seven o'clock in the evening, will deprive him of the pleasure he had promised himself, in coming to assist us to receive our friends.

LUCIE.

Quelle vertu que celle de papa! sa vie est un sacrifice perpétuel.

mad. MELVILLE.

Oui; mais ce sacrifice a ses douceurs, lorsqu'il pense que par son travail assidu, il assure la fortune de sa femme et d'une fille chérie. Voilà, ma chère Lucie, quels sont les devoirs des hommes vertueux; jugez combien les femmes doivent, de leur côté, répondre à leur dévouement, en veillant à leurs intérêts, en ne prodiguant point ce qu'ils amassent par leur industrie ou leurs talens, et en rendant leur intérieur aussi aimable qu'il est en leur pouvoir.

LUCIE.

Ah! maman, papa a bien rencontré la femme qui devoit assurer son bonheur.

mad. MELVILLE.

En faisant tout ce qui peut lui plaire, je suis le penchant de mon cœur et ce que m'imposent mes devoirs; mais à présent, Lucie, je ne suis plus seule chargée de le rendre heureux, vous êtes engagée par la nature à y contribuer comme moi.

LUCY.

What virtue papa has! his life is a perpetual sacrifice.

Mrs MELVILLE.

But this sacrifice has its comforts when he thinks that by his assiduous labour he secures the fortune of his wife and that of so beloved a daughter. That my dear Lucy is the duty of a good husband, judge how much the wife on her side should repay his kindness by watching over his interests, by not squandering away what he gets by his industry or talents, and by making his home as pleasant to him as it is in her power.

LUCY.

Ah mamma! papa has met with the wife who insures his happiness.

Mrs MELVILLE.

By doing every thing to please him, I follow the inclination of my heart and what my duty imposes. Now, Lucy, I am no longer the only one whose duty it is to make him happy, you are also bound by nature to contribute to it.

LUCIE.

Oh! je sais bien en quoi je puis lui être agréable, maman; c'est en vous écoutant en tout, en suivant vos avis, en perfectionnant mes talens.

mad. MELVILLE.

Vous êtes pénétrée de ce que vous dites, j'en suis sûre, ma chère Lucie; mais il y a des momens où l'étourderie, l'enfantillage, la paresse, viennent effacer tous les principes gravés dans votre cœur.

LUCIE.

Convenez, maman, que cela arrive rarement.

mad. MELVILLE.

Je ne puis trop vous donner cette satisfaction, car la dernière semaine ne se passa point suivant mes desirs; vos devoirs furent mal faits, tous vos maîtres mécontens.

LUCIE.

Ah! maman, ne pensez plus à cette malheureuse semaine; parlez plutôt de celle que nous allons bientôt terminer, vous n'avez aucun reproche à me faire.

LUCY.

Oh! I know in what I can please him, it is by minding what you say to me, by following your advice and by improving my talents.

Mrs MELVILLE.

You are well persuaded of what you say, I am certain, my dear Lucy, but there are moments in which your giddiness, your childishness and your idleness make you forget all the precepts that are engraved upon your mind.

LUCY.

You must confess, mamma, that it happens but seldom.

Mrs MELVILLE.

I can scarcely afford you that satisfaction, for last week did not pass as I could wish; your lessons were neglected and all your masters discontented.

LUCY.

Ah mamma! think no more of that unfortunate week, rather talk of this which will soon be past; you have not yet had any cause to be displeased with me.

mad. MELVILLE.

J'en conviens avec la plus grande satisfaction. Croyez bien, Lucie, que des parens et des maîtres justes, aiment mieux avoir à louer la jeunesse qu'à s'en plaindre. Que cherchez-vous dans votre sac?

LUCIE.

Mon étui, j'ai perdu mon aiguille.

mad. MELVILLE.

Donnez-moi ce sac, que je voie dans quel ordre il est. Vous avez perdu votre étui et votre dez d'or; je ne vois pas non plus votre coton ni le dessin de broderie que je vous avois donné. Votre ouvrage n'est pas ployé, la mousseline en est sale, et je serois honteuse que l'on vous vît travailler à un pareil chiffon. Prenez mon sac, et songez que dans ce moment, je ne puis être contente de vous.

LUCIE.

Maman, je le sens bien, et je vous promets d'être à l'avenir plus soigneuse.

mad. MELVILLE.

Mais si vous avez perdu le

MRS MELVILLE.

I own it with the greatest satisfaction: be persuaded, Lucy, that parents and masters who are just, are more fond of praising young people than of complaining of them. What are you looking for in your work-bag.

LUCY.

My needle-case, I have lost my needle.

MRS MELVILLE.

Give me the work-bag, that I may see what order it is in. You have lost your needle-case and your gold thimble, neither do I see your cotton nor the pattern, I gave you; your work was not folded up, the muslin is dirty, and I should be ashamed that any one should see you working at such a rag. Take my work-bag, and reflect that at this moment I cannot be satisfied with you.

LUCY.

Mamma, I acknowlege it, and I promise you for the future to be more careful.

MRS MELVILLE.

But if you have lost the

dez et l'étui, qui ont l'un et l'autre une valeur réelle, que dira votre papa qui vous en a fait présent ? Vous savez que je lui ai promis de ne jamais réparer la perte des choses qu'il se plaît à vous donner, quand elle est due à votre étourderie.

thimble and the needle-case which are both of great value, what will your papa say who made you a present of them ? You know I promised him, never to replace those things which he has given you, when the loss of them is owing to your carelessness.

LUCIE.

Maman, je n'en suis pas inquiète, je vous assure. Je me rappelle que tous ces objets sont dans le tiroir de ma Bonne, où j'avois jeté mon sac, sans en tirer les cordons.

LUCY.

Mamma, I am not uneasy about them, I assure you, I recollect that they are all in my maid's drawer, where I had thrown my work-bag without drawing the strings.

mad. MELVILLE.

Je l'espère ; mais voici des voitures au bout de l'allée.

M⁽ʳˢ⁾ MELVILLE.

I hope so ; but there are carriages at the end of the avenue.

LUCIE.

Oui ; il y a aussi des jeunes gens à cheval qui précèdent une calèche.

LUCY.

Yes, and there are also some young gentlemen on horse back, who go before a calash.

mad. MELVILLE.

Ah ! c'est sans doute madame d'Aufort avec ses filles, son fils et ses deux neveux.

M⁽ʳˢ⁾ MELVILLE.

Ah ! it is no doubt mistris d'Aufort with her daughters, her son and her two nephews.

LUCIE.

Voici encore une ber-

LUCY.

There is also a berlin fol-

line suivie d'un cabriolet.

lowed by a single horse chaise.

mad. MELVILLE.

C'est madame d'Orval avec toute sa petite famille ; et dans le cabriolet, je reconnois deux amis de votre papa, l'un est le fils de son associé à Londres.

Mrs MELVILLE.

It is mistris d'Orval with her little family, and in the chaise I see two of your papa's friends, one of them is the son of his partner at London.

LUCIE.

Maman, il y a beaucoup de jeunes demoiselles. Si madame d'Aufort a amené ses trois filles, nous pourrons danser ce soir.

LUCY.

Mamma, there are a great many young ladies; if mistris d'Aufort has brought her three daughters we can have a dance to night.

mad. MELVILLE.

Je l'espère ; il faudra rendre la soirée agréable, la varier par la promenade, les jeux et la danse. Songez à rendre tous les soins possibles aux jeunes demoiselles, je m'occuperai des mamans et du reste de la société.

Mrs MELVILLE.

I hope so ; in order to render the evening pleasant we must vary it by walking, playing and dancing. Pay every possible attention to the young ladies, I will take care of their mamas and the rest of the company.

XXI.

<table>
<tr><td>

ARRIVÉE
DE LA SOCIÉTE
DANS LE SALON.

Mad. MELVILLE, LUCIE, mad. D'AUFORT avec ses deux filles ELEONORE et JUSTINE, et ses deux neveux ; mad. D'ORVAL, avec ses deux filles FANNY et BETSY, et ses deux fils ; M. BINDAM, Anglais, et M. MEYER, Hambourgeois, tous deux associés du père de Lucie, M. DESFOSSES, M. BALEZI, LE MAITRE-D'HOTEL, et LA GOUVERNANTE.

</td><td>

THE ARRIVAL
OF THE COMPANY
IN THE DRAWING-ROOM.

Mistris MELVILLE, LUCY, Mrs D'AUFORT, with her two daughters ELEONORA and JUSTINE, and her two nephews ; Mrs D'ORVAL, with her daughters FANNY and BETSY, and her two sons ; Mr BINDAM au Englishman and M. MEYER from Hamburg, both partners to Lucy's father ; Mr DESFOSSES, Mr BALEZI, THE STEWARD, and THE NURSE.

</td></tr>
<tr><td>

mad. MELVILLE.

N'AVEZ-VOUS pas eu bien chaud dans la route, mesdames ?

mad. D'AUFORT.

En allant un peu vîte en calèche, on a toujours beaucoup d'air.

mad. D'ORVAL.

J'avois un peu plus chaud dans ma berline, quoique

</td><td>

Mrs MELVILLE.

DID you not find it warm on the road ladies ?

Mrs D'AUFORT.

Travelling quickly in a calash, one always has a great deal of air.

Mrs D'ORVAL.

I found it warmer in my berlin, though I kept up the

</td></tr>
</table>

j'aie gardé les persiennes le-
vées tout le temps de la route,
et même les stores de taffetas
baissés, ce qui contrarioit
beaucoup mes filles.

blinds all the way, and even
had the silk curtains drown,
which displeased my daughters very much.

mad. MELVILLE.

Oui, les jeunes personnes
ne craignent pas le grand
jour, et la curiosité naturelle
à leur âge, leur fait regretter
de ne pas voir tous les lieux
où elles passent. Mais, mesdames, vous arrivez toutes si
exactement à la même heure,
que je ne puis m'empêcher
de penser que c'est après un
rendez-vous général.

Mrs MELVILLE.

Yes, young people do not
dislike a glare of light, and
the curiosity, so natural at
their age, makes them regret
not seeing the places they
pass through. But, ladies,
you all arrive so exactly at
the same hour, that I cannot help thinking it to be by
a general appointment.

M. BINDAM.

Vous avez parfaitement
deviné, madame, nous avons
eu l'avantage de faire un déjeûner charmant chez ma-
dame d'Orval, à onze heures.

Mr BINDAM.

You have guessed per-
fectly right; we have had
the pleasure of breakfasting
together at mistris d'Orval's
at a eleven o'clock.

mad. MELVILLE.

Eh bien! monsieur, com-
ment vous trouvez-vous de
la société de Paris?

Mrs MELVILLE.

Well, sir, how do you
like the society at Paris?

M. BINDAM.

Parfaitement, madame;
j'en admire l'aisance, j'en
aime la gaîté; ce mélange intéressant de toutes les dames
dans les parties de plaisir, les
anime, y introduit la dé-

Mr BINDAM.

Perfectly well, ma'am, I
admire the ease and gaiety
that reigns there: that interesting mixture of ladies in
all parties of pleasure ani-
mates them, introduces de-

cence, le bon ton, et y maintient la nécessité des égards et de la politesse. C'est une chose affreuse de vivre entre hommes, et à Londres nous y sommes beaucoup trop habitués.

cency and good breeding and preserves in them the necessity of attention and politeness. It is dreadful to live only amongst men, and at London we are too much accustomed to it.

mad. MELVILLE.

Y a-t-il beaucoup d'étrangers à Paris, cet été?

Mrs MELVILLE.

Are there many strangers at Paris this summer?

M. BINDAM.

Beaucoup, madame; on entend parler au spectacle, allemand, italien, anglais.

Mr BINDAM.

A great number, ma'am; one hears in the play-houses, german, italian, and english spoken.

mad. D'AUFORT.

Depuis la ratification de la paix, il est arrivé dans Paris plus de six mille personnes.

Mrs D'AUFORT.

Since the ratification of the peace, there are above six thousand strangers arrived in Paris.

mad. MELVILLE.

Quel est le spectacle que vous préférez, monsieur?

Mrs MELVILLE.

Which théatre do you prefer, sir?

M. BINDAM.

Le Théâtre Français; il est à-la-fois pour moi étude et plaisir. Je lisois avec un grand intérêt les tragédies de Racine, de Corneille et de Voltaire, avant de venir en France, et j'en admire beaucoup les représentations.

Mr BINDAM.

The French Theatre; it is at the same time a study and a pleasure for me. I read with great pleasure the tragedies of Racine, Corneille and Voltaire, before my coming to France, and I admire the representation of them very much.

mad. D'ORVAL.

Talma est un acteur d'une grande vérité.

mad. D'AUFORT.

Oui ; je trouve qu'il observe aussi le costume parfaitement.

M. BINDAM.

Moi, j'aime de passion l'organe touchant de madame Petit dans Zaïre ; je pense qu'elle donne une juste idée de ce que Voltaire disoit de mademoiselle Gossin, qui joua ce rôle lorsqu'il fit paroître cette pièce.

mad. MELVILLE.

Lucie, priez vos jeunes amies de quitter leurs schales et leurs chapeaux ; elles paroissent avoir très-chaud.

LUCIE.

Voulez-vous, mesdemoiselles, venir faire un tour dans la galerie, avant le dîner ?

Mlle JUSTINE.

Volontiers, ma chère Lucie ; deux heures sans sortir de voiture, engourdissent un peu les jambes.

M^{rs} D'ORVAL.

Talma is an actor who has a great deal of merit.

M^{rs} D'AUFORT.

Yes, and I also think he strictly observes the costume.

Mr BINDAM.

I am passionately fond of madame Petit's sweet voice in Zara ; I think she gives a just idea of what Voltaire said of mademoiselle Gossin, who played that part when it was first performed.

Mrs MELVILLE.

Lucy, request your young friends to take off their hats and shawls, they appear to be very warm.

LUCY.

Ladies, will you take a turn in the gallery before dinner ?

miss JUSTINA.

Willingly, my dear Lucy, to be two hours in a carriage without getting out, cramps the legs a little.

mad. MELVILLE.

Allez avec ma fille; vous ferez une partie de volant, si cela peut vous amuser.

Mrs MELVILLE.

Go with my daughter, you may make a party at shuttle - cock , if that can amuse you.

mad. D'AUFORT.

Je ne connois pas encore votre campagne , madame , mais la cour et l'entrée sont fort agréables; on voit qu'il règne ici infiniment de goût.

M^rs D'AUFORT.

I have not yet seen your country-house, ma'am ; but the court and entrance are very pretty ; one perceives that it is the residence of a person of taste.

mad. MELVILLE.

J'ai eu un excellent architecte , et les jardins ont été dessinés par un homme très-habile dans ce genre.

Mrs MELVILLE.

I had an excellent architect and the gardens were laid out by a very skilful surveyor.

M. BINDAM.

Oui, madame, ceci me paroît très-romantique pour le site, et très-riche pour l'habitation. Avez-vous une rivière ?

Mr BINDAM.

Yes, ma'am, the situation appears to me very romantic. Have you a river ?

mad. MELVILLE.

Après le dîner , je vous ferai parcourir mes jardins ; j'ai un très-beau lac, et la rivière qui serpente dans la prairie, traverse toute la partie du jardin anglais.

Mrs MELVILLE.

After dinner we will survey the gardens ; I have a very fine pond , and the serpentine river in the meadow runs through the english garden.

M. BINDAM.

Combien avez-vous d'arpens dans cette propriété , madame ?

Mr BINDAM.

How many acres have you in this estate ?

mad. MELVILLE.

Elle est composée de deux objets séparés, la ferme et le château. J'ai quatre cents arpens de terre labourable, et deux cents arpens de jardins d'agrément.

mad. D'AUFORT.

Cela doit rapporter beaucoup ?

mad. MELVILLE.

Le revenu de la ferme est employé presqu'en entier, je vous assure, à l'entretien de la maison que j'habite.

M. BINDAM.

Je le crois bien, madame; on dit que vous avez des serres superbes, des arbres de la plus grande rareté, des plantes de toutes les parties du monde.

mad. MELVILLE.

J'ai des choses assez curieuses, à la vérité.—Vous êtes amateur, en ce genre, à ce qu'il me paroît, monsieur ?

M. BINDAM.

Extrêmement, madame; c'est une de mes passions.

Mrs MELVILLE.

It is composed of two different objects, the farm and the mansion-house. There are four hundred acres of arable land, and two hundred of pleasure ground.

M^{rs} D'AUFORT.

That ought to bring in a great deal ?

Mrs MELVILLE.

The profits of the farm, I assure you, are almost all spent, in keeping up the house I inhabit.

Mr BINDAM.

I believe it, ma'am, they say you have very fine hot-houses, trees that are very scarce, and plants from all parts of the world.

Mrs MELVILLE.

I have indeed some things that are curious: it seems, sir, you are an admirer of all those things.

Mr BINDAM.

Extremely, ma'am; it is one of my favourite passions.

mad. D'AUFORT.

J'ai été en Angleterre l'été dernier, rien ne peut surpasser l'élégance et la beauté de l'habitation de M. Bindam.

Mrs D'AUFORT.

I was in England last summer, nothing can surpass the elegance and beauty of Mr Bindam's house.

M. BINDAM.

Exceptez ce lieu-ci, madame, qui paroît réellement enchanteur.

Mr BINDAM.

Except this, madam, which appears really enchanting.

mad. MELVILLE.

Pour vous, monsieur Meyer, je vous regarde comme un habitant de la France, il y a près de quinze ans que j'avois l'avantage de vous voir souvent chez mes parens.

Mrs MELVILLE.

As for you, Mr Meyer, I look upon you as an inhabitant of France; about sifteen years ago I used to have the pleasure of seeing you often at my father's house.

M. MEYER.

Je n'ai quitté Paris, madame, que dans ces temps malheureux, où l'on n'y voyoit qu'une faction criminelle, des détenus et des infortunés qui n'avoient pas la possibilité de fuir.

Mr MEYER.

I left Paris at that unhappy period, when nothing was to be seen but a criminal faction, prisoners, or unfortunate people who were unable to escape.

mad. MELVILLE.

Depuis quand êtes-vous rentré en France, monsieur?

Mrs MELVILLE.

How long is it since you returned to France, sir?

M. MEYER.

Il y aura deux ans l'hiver prochain, madame.

Mr MEYER.

It will be two years next winter, madam.

mad. MELVILLE.	**Mrs MELVILLE.**

Et comment trouvez-vous Paris actuellement, monsieur ?	And how do you find Paris now, sir ?

M. MEYER.	**Mr MEYER.**

Il a pris, selon moi, un aspect tout-à-fait nouveau ; il a prodigieusement gagné pour les amateurs des beaux-arts. Le Muséum rassemble une quantité si prodigieuse de superbes tableaux, qu'il n'y a pas d'exemple dans l'univers d'une semblable collection.	It has altogether entirely a new aspect, but for the admirers of the fine arts it has gained considerably. The museum contains such a prodigious number of beautiful paintings, that there is not such another collection in the whole world.

mad. MELVILLE.	**Mrs MELVILLE.**

Et la salle des antiques ? Cet Apollon du Belvédère, qui seul attiroit en Italie une foule de voyageurs, ne devons-nous pas être très-fiers de le posséder ?	And the saloon of antiques ! Ought we not to be proud of possessing the Apollo of Belvidere, which alone attracted such a crowd of travellers to Italy ?

M. MEYER.	**Mr MEYER.**

Ah ! madame, la salle des antiques est une des plus belles choses qui existe, et il est presque impossible que l'école française ne devienne pas la plus forte de l'Europe.	Ah ! madam, the saloon of antiques is one of the finest things in the world, and it is almost impossible that the french-school should not become one of the first in Europe.

LE MAÎTRE-D'HOTEL.	**THE STEWARD.**

On a servi, madame.	The dinner is served up, madam.

mad. MELVILLE.

Mesdames, je crois que l’instant du dîner arrive fort à propos. Le grand air, en quittant Paris, donne beaucoup d’appétit. Monsieur Edouard, voulez-vous bien avertir mesdemoiselles vos cousines qui se promènent avec Lucie dans la galerie.

Mʳˢ MELVILLE.

Ladies, I think that news cannot be disagreeable to you, as the open air on quitting Paris gives a good appetite. Edward, will you be so good as to call your sisters who are walking in the gallery with Lucy.

XXII.

CONVERSATION DE TABLE.

LES MÊMES.

mad. MELVILLE.

Voulez-vous bien, madame, passer à cette place, M. Bindam à côté de vous ; madame d'Aufort voudra bien se placer en face de moi, et aider ma fille à faire les honneurs. (*Les autres se placent.*)

mad. D'AUFORT.

Ce potage est délicieux.

mad. MELVILLE.

Offrirai-je de la volaille bouillie à M. Meyer ?

M. MEYER.

Non, madame, je préfère les côtelettes.

mad. D'ORVAL.

Votre vin est très-frais ; vous avez sans doute une glacière ?

CONVERSATION AT TABLE.

THE SAME PERSONS.

Mrs MELVILLE.

Will you be so good, ma'am, as to take that place, Mr Bindam next to you ; mistris d'Aufort will have the kindness to sit opposite me, and assist my daughter to perform the honours of the table. (*The others take their places.*)

Mrs D'AUFORT.

This soup is delicious.

Mrs MELVILLE.

Mr Meyer, shall I offer you some boiled fowl ?

Mr MEYER.

No, ma'am, I prefer the cutlets.

Mrs D'ORVAL.

Your wine is exceedingly fresh, you have undoubtedly an Ice-house.

mad. MELVILLE.

J'en ai fait faire une l'année dernière. M. Balezi, vous êtes près de ce gigot, voulez-vous bien le couper? Je prie aussi M. Desfosses d'offrir de ces poulets au blanc.

mad. D'ORVAL.

Ah! madame, quel superbe saumon! et quelle belle truite! vous avez mis à contribution les mers et les lacs.

mad. MELVILLE, à M. Bindam.

Vous ne mangez pas, monsieur, seriez-vous indisposé?

M. BINDAM.

Non, madame; j'ai suivi mon goût pour les choses qui me plaisent infiniment; des artichauts à la poivrade, du beurre, quelques pâtisseries, voilà à-peu-près ce que je mange tous les jours.

mad. MELVILLE.

Ce régime n'est pas sain.

M. BINDAM.

Aussi ai-je bien soin de ne consulter aucun docteur, par

Mrs MELVILLE.

I had one built last year. Mr Balezi you are near that leg of mutton, will you be so kind as to carve it? I also beg Mr Desfosses to offer some of those chickens au blanc.

Mrs D'ORVAL.

Ah! ma'am, what a fine salmon! and what a beautiful trout! You have made the sea and the ponds contribute to your dinner.

Mrs MELVILLE, to Mr Bindam.

You do not eat, sir; I hope you are not indisposed?

Mr BINDAM.

No, ma'am, I have indulged my taste in that which I am most fond of; artichokes with pepper, salt and butter, and a little pastry, that is nearly what I eat every day.

Mrs MELVILLE.

That diet is not very wholesome.

Mr BINDAM.

Indeed I take care to consult no physician, for fear

la crainte qu'il ne m'en dise autant que vous, madame.

he should tell me the same thing, ma'am.

mad. MELVILLE, *à M. Balezi.*

Mrs MELVILLE, *to Mr Balezi.*

Etiez-vous hier au soir à l'Opéra, monsieur ?

Were you at the opera last night, sir ?

M. BALEZI.

Mr BALEZI.

Oui, madame.

Yes, ma'am.

mad. MELVILLE.

mad. MELVILLE.

Avez-vous été satisfait ?

Were you pleased with the performance ?

M. BALEZI.

Mr BALEZI.

Fort peu, je l'avoue; ma passion pour la musique italienne, fait que je n'admire dans ce spectacle que les ballets et les décorations.

Very little, I own; my partiality for italian music prevents me from admiring at that theatre any thing but the dancing and scenery.

mad. D'ORVAL.

M^{rs} D'ORVAL.

Les acteurs étoient parfaitement costumés.

The actors were perfectly well dressed.

M. BINDAM.

Mr BINDAM.

Et les habits d'une grande fraîcheur.

And the clothes very rich.

mad. D'ORVAL, *à madame Melville.*

M^{rs} D'ORVAL, *to Mrs Melville.*

Il y a long-temps, madame, que vous n'avez été au spectacle ?

Is it very long since you were at the play, ma'am ?

mad. MELVILLE.

Je vous assure que lorsque les plaisirs des champs commencent, je ne puis plus goûter ceux de la ville. Vous allez voir mes jardins, et vous me pardonnerez de ne plus apprécier en ce moment les décorations.

mad. D'ORVAL.

Vous avez pourtant des loges à tous les spectacles?

mad. MELVILLE.

Oui; mais l'été, je les donne à des amies qui ne peuvent pas quitter Paris, et je n'y vais pas une seule fois.

mad. D'ORVAL.

Pas même pour une première représentation?

mad. MELVILLE.

Pas même.

mad. D'ORVAL.

Cela est courageux; si j'étois, comme vous, madame, à quatre lieues de Paris, je ne pourrois en faire autant. Malheureusement, ma terre est bien plus éloignée.

Mrs MELVILLE.

I own, that when the pleasures of the country begin, I can no longer enjoy those of the town: when you have seen my gardens, you will excuse me for not setting, at this present time, any value on the scenes of a play-house.

Mrs D'ORVAL.

But you have nevertheless a box at each of the theatres?

Mrs MELVILLE.

Yes, but during the summer I give them to those of my friends who cannot leave Paris, and I do not visit them, even once.

Mrs D'ORVAL.

Not even for a first representation?

Mrs MELVILLE.

No, not even then.

Mrs D'ORVAL.

You are very steady in your resolutions. If I were like you, ma'am, situated within four leagues of Paris, I could not do the same; but unfortunately my country-seat is at a much greater distance.

mad. MELVILLE.	**Mrs MELVILLE.**
A quelle distance est-elle, madame ?	How far is it off, ma'am ?
mad. D'ORVAL.	**Mrs D'ORVAL.**
A trente lieues ; aussi n'y vais-je que le plus tard possible.	Thirty leagues ; and I assure you I go there as late as possible.
mad. MELVILLE, *à madame d'Aufort.*	**Mrs MELVILLE**, *to mistris d'Aufort.*
Et vous, madame, où passez-vous la belle saison ?	And you, ma'am, where do you spend the fine season ?
mad. D'AUFORT.	**Mrs D'AUFORT.**
A Paris, madame, et sans jamais m'en éloigner, non pas par goût, mais par devoir. J'ai perdu toute ma fortune, et j'ai été forcée de vendre ma terre ; heureuse encore d'exister par l'état de mon mari, et de pouvoir cultiver l'éducation de mes enfans.	Entirely at Paris, ma'am, not by choice but from necessity. Having lost my fortune, and having been obliged to sell my estate, I think myself happy in being able to exist by the profession of my husband, and having it in my power to educate my children.
mad. MELVILLE.	**Mrs MELVILLE.**
Leurs succès doivent vous procurer de bien grandes jouissances.	Their success ought to afford you great consolation.
mad. D'AUFORT.	**Mrs D'AUFORT.**
Ils réparent tous mes malheurs, et font disparoître jusqu'aux regrets sur ma fortune passée.	It makes amends for all my misfortunes and even makes me cease to regret my past fortune.

M. BINDAM.

Que ferons-nous en sortant de table ?

Mr BINDAM.

What shall we do when we rise from table ?

mad. MELVILLE.

Une promenade seroit-elle agréable à ces dames ?

Mrs MELVILLE.

Would it be agreeable to the ladies to take a walk ?

mad. D'AUFORT.

Volontiers ; j'aime beaucoup à parcourir un superbe jardin : les sites doivent être ici bien variés ?

Mrs D'AUFORT.

Willingly, I am very fond of walking over a fine garden ; there must be a great variety of prospects here ?

mad. MELVILLE.

Il y en a de naturels, et ce sont les plus intéressans ; mais j'ai aussi des points de vue intérieurs que je dois à l'art, et qui sont d'un effet charmant.

Mrs MELVILLE.

There are some natural ones, and those are the most interesting, but I have also some prospects produced by art which have a charming effect.

M. BINDAM.

Aussi, madame, votre campagne est-elle citée comme une des plus belles aux environs de Paris.

Mr BINDAM.

Indeed, ma'am, your country house is mentioned as being one of the finest about Paris.

mad. MELVILLE.

Vous offrirai-je de cette crême ou de cette tourte de prunes ?

Mrs MELVILLE.

Shall I offer you some of this cream or some of the plumb-tart ?

M. BINDAM.

De l'un et de l'autre successivement, madame, les sucreries, les friandises sont

Mr BINDAM.

I will eat some of both, one after the other, ma'am ; sweet-meats and dainties

aussi de mon régime; j'ai été sur ce point un enfant fort mal élevé.

compose also a part of my diet; in this respect I have been badly brought up.

mad. MELVILLE.

Nous avons ici une jeune société qui se réunira volontiers à vous, monsieur, et ne vous blâmera pas.

Mrs MELVILLE.

We have here a young society who will join you willingly, sir, and not blame you.

LUCIE.

Ah! nullement; maman, voulez-vous bien nous envoyer de la crême?

LUCY.

Ah, not at all, mamma: will you be so kind as to send us some cream?

mad. MELVILLE.

On va vous passer le plat, faites-en les honneurs.... Madame d'Orval boit-elle du vin de Champagne ou de Bordeaux?

Mrs MELVILLE.

I am going to send you the dish; do the honours of it... Mistris d'Orval, do you drink Champain or Claret?

mad. D'ORVAL.

Je préfère le vin du Rhin.

Mrs D'ORVAL.

I prefer Rhenish wine.

mad. MELVILLE.

Vous offrirai-je du fromage glacé aux pistaches ou au café?

Mrs MELVILLE.

Shall I offer you pistachio or coffee ice?

mad. D'ORVAL.

Au café, si vous voulez bien, madame.

Mrs D'ORVAL.

Coffee, if you please madam.

mad. MELVILLE.

Messieurs, je puis vous offrir du Madère, de la Mal-

Mrs MELVILLE.

Gentlemen, I can offer you some Madera, Malmsey,

voisie, du Malaga et du vin de Constance.

Malaga and Constance wine.

M. MEYER.

Du vin de Constance, de préférence, madame.

Mr MEYER.

I prefer the Constance, ma'am.

M. BINDAM.

Et moi, je vous demanderai du Madère. (*Il boit.*) Il est parfait, et bien ancien sans doute?

Mr BINDAM.

And I shall ask you for some Madera. (*He drinks.*) It is excellent, and without doubt very old.

mad. MELVILLE.

Oh! très - ancien, il y a plus de vingt ans que M. de Melville a formé sa cave.

Mrs MELVILLE.

Yes, sir, very old; Mr Melville stored his cellar above twenty years ago.

M. BINDAM.

C'est une chose rare en France, qu'une vieille cave.

Mr BINDAM.

Old wine is now very scarce in France.

mad. MELVILLE.

Oui, il y en a eu beaucoup de détruites pendant la révolution. Mesdames, je suis à vos ordres, nous prendrons le café dans le salon. (*Tout le monde se lève.*)

Mrs MELVILLE.

Yes, a great deal has been destroyed during the revolution. Ladies, I am at your service, we will take our coffee in the drawing-room. (*Every body rises from table.*)

XXIII.

LE CAFÉ

ET

LA PROMENADE.

LES MÊMES.

M. BINDAM.

CE café est délicieux.

mad. MELVILLE.

C'est du Moka apporté par les caravanes jusqu'à Alexandrie.

M. BINDAM.

C'est le meilleur de tous. Allons, mesdames, il me tarde de parcourir ces charmans jardins.

mad. MELVILLE, *à madame d'Orval.*

Mesdemoiselles vos filles n'ont point de chapeaux, et le soleil est très-ardent. Lucie, allez en chercher des vôtres, et offrez-les à vos bonnes amies.

mad. D'ORVAL.

J'avois bien indiqué les chapeaux comme la coiffure

THE COMPANY DRINK COFFEE

AND AFTERWARDS TAKE A WALK.

THE SAME PERSONS.

Mr BINDAM.

THIS coffee is delicious.

Mrs MELVILLE.

It is from Moka, brought by the caravans to Alexandria.

Mr BINDAM.

Moka coffee is the best; come, ladies, I long to walk in these charming gardens.

Mrs MELVILLE, *to mistris d'Orval.*

Your daughters have no hats and the sun is very powerful. Lucy, go and fetch yours and offer them to your young friends.

Mrs D'ORVAL.

I told them that hats were the most suitable head-dresses

la plus convenable aujour-
d'hui, mais nous avons des
nattes arrangées à la grecque
qu'on n'a pas voulu sacrifier.

for to day, but their tresses
are arranged after the grecian manner and they would
not sacrifice them.

mad. MELVILLE.

Mrs MELVILLE.

Il vaut mieux cependant
faire ce sacrifice que celui de
son teint.

It is better however to
make that sacrifice, than that
of one's complexion.

LUCIE, *apportant les cha-
peaux.*

LUCY, *bringing the hats.*

Mesdemoiselles, en voici
deux semblables.

Ladies, here are two alike.

Mlle FANNY.

miss FANNY.

Vous êtes bien bonne.

You are very kind.

Mlle BETSY.

miss BETSY.

Mille remercîmens.

A thousand thanks.

mad. MELVILLE.

Mrs MELVILLE.

Sortons par la galerie.

Let us go out by the gal-
lery.

M. BALEZI.

Mr BALEZI.

La terrasse est superbe.

The terrace is very beau-
tiful.

mad. MELVILLE.

Mrs MELVILLE.

Elle a deux cents pieds de
longueur. Il faut seulement
la traverser, car c'est l'endroit le plus chaud.

It is two hundred feet in
length; we must only cross
it, for it is the warmest place.

mad. D'ORVAL.

M^{rs} D'ORVAL.

Ah ! le joli temple, c'est

Ah ! what a pretty temple,

délicieux; et cette rivière, comme elle est pure, comme on y voit la blancheur du marbre et le vert de ce beau saule!

it is delightful, and how clear is that river! it reflects the whiteness of the marble and the verdure of this fine willow.

mad. MELVILLE.

Voulez-vous vous asseoir un moment sur ce banc? d'ici, vous verrez la maison; accompagnée de ces grands arbres, elle fait un très-bon effet.

Mrs MELVILLE.

Will you sit down for a moment on this seat; from hence you can see the house, which adorned by those tall trees has a charming effect.

mad. D'ORVAL.

Ah! je ne m'assieds jamais sur du gazon ni près de l'eau.

Mrs D'ORVAL.

Oh! I never sit on the grass nor near the water.

mad. MELVILLE.

Et par quelle raison?

Mrs MELVILLE.

And for what reason?

mad. D'ORVAL.

J'ai une peur affreuse des insectes et des crapauds.

Mrs D'ORVAL.

I have a horrid dread of insects and toads.

mad. D'AUFORT.

Mais ces craintes doivent vous gêner beaucoup à la campagne.

Mrs D'AUFORT.

But these fears must be very inconvenient to you in the country.

mad. D'ORVAL.

Aussi y vais-je le moins possible. J'ai peur de tout, je l'avoue; je suis presqu'aussi malheureuse en voiture, je ne me trouve parfaitement en sûreté que dans mon appartement.

Mrs D'ORVAL.

Indeed I go there as seldom as possible; I own it, I am afraid of every thing. I am almost as uneasy in a carriage, I never fancy myself perfectly safe but in my own apartment.

M. BINDAM.

En vérité, madame, ce lieu passe encore l'idée avantageuse que j'en avois formée.

mad. MELVILLE.

Je suis charmée qu'il vous plaise assez pour vous engager à y revenir.

M. DESFOSSES, *à M. Bindam.*

Avez-vous vu, monsieur, cette belle statue de marbre? c'est une des plus belles copies de la Vénus de Médicis.

M. BINDAM.

Elle est très-belle, et il est heureux que ce temple la mette à l'abri.

mad. MELVILLE.

Ah! je ne l'aurois pas exposée aux injures de l'air.

mad. D'ORVAL, *criant.*

Ah! ah! ah! bon Dieu! au secours, je vous en prie!

mad. MELVILLE.

Qu'est-ce donc, grand Dieu?

Mr BINDAM.

Indeed, ma'am, this place exceeds the idea I had formed of it.

Mrs MELVILLE.

I shall be glad if it pleases you sufficiently to engage you to visit it again.

Mr DESFOSSES, *to Mr Bindam.*

Have you observed that marble statue, sir? it is one of the best copies of the Venus of Medicis.

Mr BINDAM.

It is very handsome, and it is fortunate that this temple shelters it.

Mrs MELVILLE.

Oh! I would not have exposed it to the inclemencies of the open air.

Mrs D'ORVAL, *screaming out.*

Oh! oh! oh! Good god! help, I beseech you.

Mrs MELVILLE.

Good god! what is the matter?

M. BINDAM.

Qu'avez-vous, madame?

M. MEYER.

Qu'est-il donc arrivé?

mad. D'ORVAL.

Ah! messieurs, éloignez-vous. Madame, ayez pitié de moi! là, sous mon fichu; c'est une chenille, j'en suis sûre; j'en mourrai de frayeur. Ah! ciel!

mad. MELVILLE.

Eh! non; rassurez-vous, madame, c'est une petite feuille de saule que le vent a portée sur vous.

mad. D'ORVAL.

Vrai, vrai; vous ne me trompez pas?

mad. MELVILLE.

Eh! non, madame; voyez.

mad. D'ORVAL.

Ah! que je suis heureuse! Ces vilaines chenilles, comme elles font mon malheur!

mad. D'AUFORT.

Beaucoup trop, assuré-

M. BINDAM.

What is the matter, madam?

M. MEYER.

What has happened?

M. D'ORVAL.

Ah! gentlemen, go farther off. Madam, have pity on me, there under my neck-handkerchief; it is a caterpillar, I am sure of it; I am frightened to death. Oh heavens!

M. MELVILLE.

No, no, ma'am, be easy, it is a small willow leaf that the wind has blown upon you.

M. D'ORVAL.

Indeed, do you not deceive me?

M. MELVILLE.

Oh no, ma'am, look.

M. D'ORVAL.

Ah! how happy I am! those ugly caterpillars render me miserable.

M. D'AUFORT.

A great deal too much

ment; et je vous plains d'être tourmentée de semblables craintes.

M. BINDAM.

Prenons par cette allée couverte, elle est délicieuse.

mad. MELVILLE.

C'est ma promenade favorite, quand je suis seule.

mad. D'AUFORT.

Quel est ce petit hameau que je vois au-dessus du bosquet de lilas ?

mad. MELVILLE.

C'est tout simplement ma basse-cour ; mais tous les bâtimens en ont été construits de manière à produire cet effet.

mad. D'AUFORT.

L'idée est charmante, elle est bien garnie sans doute ?

mad. MELVILLE.

Il n'y manque rien ; j'ai de toutes les espèces de volailles, et en quantité ; mes vaches sont superbes, je les ai fait venir de la Suisse.

mad. D'AUFORT.

Vous vous plaisez sans doute à ces détails ?

certainly, and I pity you for being tormented with such fears.

Mr BINDAM.

Let us go by the covered walk, it is delightful.

Mrs MELVILLE.

It is my favourite walk, when I am alone.

Mrs D'AUFORT.

What pretty hamlet is that which I see over the lilac grove ?

Mrs MELVILLE.

It is only the farm yard, but the buildings in it have been so constructed as to produce that effect.

Mrs D'AUFORT.

It is a charming idea, it is doubtless well furnished.

Mrs MELVILLE.

There is nothing wanting in it. I have a great number of all kinds of fowls ; my cows are beautiful ; I sent for them from Switzerland.

Mrs D'AUFORT.

You amuse yourself, no doubt, in looking into these particulars.

mad. MELVILLE.

Beaucoup ; c'est mon plus grand délassement.

Mrs MELVILLE.

Very much, it is my greatest relaxation.

mad. D'AUFORT.

Je ne suis point envieuse, et je jouis de votre bonheur, madame ; cependant la possession d'une jolie ferme est une des choses que je regretterai toute ma vie.

Mrs D'AUFORT.

I am not envious, and I rejoice at your good fortune, madam ; nevertheless the possession of a pretty farm is one of the things I shall regret all my life.

mad. MELVILLE.

Espérez, madame, que vous n'en serez pas toujours privée ; et en attendant, venez jouir, le plus souvent que vous pourrez, de celle qui m'appartient.

Mrs MELVILLE.

I hope, ma'am, you will not always be deprived of it ; in the mean time come and enjoy mine as often as you can.

mad. D'AUFORT.

Ce sera de tout mon cœur, madame, et sans regret pour les biens que j'ai perdus ; je trouve encore des jouissances à voir des personnes laborieuses et sages, acquérir et conserver une fortune considérable.

Mrs D'AUFORT.

That I will do with pleasure, ma'am, and without regretting the fortune I have lost ; I still find pleasure in seeing clever and industrious people acquire and preserve a considerable fortune.

mad. MELVILLE.

La mienne est due aux travaux constans de mon mari, à l'industrie du commerce, qui fait le bien de tous, et enrichit le chef d'une maison sans appauvrir personne.

Mrs MELVILLE.

Mine is owing to the constant industry of my husband, and the advantages of trade which does good to all, and enriches the head of a family without impoverishing any one.

mad. D'AUFORT.

Continuez long-temps d'en jouir, madame, et de faire admirer la réunion rare, mais si aimable de la fortune, des talens, des mœurs et de la simplicité.

Mrs D'AUFORT.

May you long continue to enjoy it, madam, and cause people to admire the union which is so rare and at the same time so lovely, of fortune, talents, polished manners, and simplicity.

mad. D'ORVAL.

Ah! Dieu! mesdames, vous marchez d'un tel pas, que je suis excédée de fatigue à vous suivre; mon soulier est déchiré, je ne puis plus marcher, je suis excédée.

Mrs D'ORVAL.

Good god! you walk so fast, ladies, that I am quite tired of following you; my shoe is torn. I cannot walk any more, I am quite fatiqued.

mad. MELVILLE.

Voulez-vous vous asseoir?

Mrs MELVILLE.

Will you sit down?

mad. D'ORVAL.

Oh! non, j'ai trop chaud; je m'enrhumerois à coup-sûr.

Mrs D'ORVAL.

Oh no, I am too warm, I should most assuredly catch cold.

mad. MELVILLE.

Regagnons la maison.

Mrs MELVILLE.

Let us return to the house.

mad. D'ORVAL.

Je ne saurois me soutenir.

Mrs D'ORVAL.

I cannot support myself.

M. BINDAM.

Madame veut-elle accepter mon bras?

Mr BINDAM.

Madam, will you accept of my arm?

mad. D'ORVAL.

Cela n'est pas suffisant, je

Mrs D'ORVAL.

That is not sufficient, I

vous jure qu'il faudroit presque me porter.

mad. MELVILLE.

Il me vient une idée; ma fille a une petite cariole qui sert à ses amusemens, ces messieurs peuvent vous rouler pour vous reconduire à la maison, elle est fort légère. Lucie, faites-la avancer par le jardinier.

LUCIE.

J'y vais, maman.

mad. D'ORVAL.

Continuez votre promenade, mesdames; j'attendrai ici avec messieurs Bindam et Meyer.

mad. MELVILLE.

Non, madame, nous resterons avec vous; les jeunes personnes s'amuseront à danser.

mad. D'ORVAL.

Cela vaut bien la promenade, et mes filles en seront ravies.

mad. MELVILLE.

Elles sont encore bien jeunes pour bien danser, mais

---

vow I must be almost carried.

Mrs MELVILLE.

A good thought presents itself: my daughter has a little chair on wheels which serves to amuse her, the gentlemen can draw you to the house in it, it is very light. Lucy, tell the gardener to bring it here.

LUCY.

Yes, mamma.

M^{rs} D'ORVAL.

Continue your walk, ladies, I will wait here with Mr Bindam and Mr Meyer.

Mrs MELVILLE.

No, madam, we will stay with you, the young people can amuse themselves with dancing.

M^{rs} D'ORVAL.

That is as good as walking, and my daughters will be delighted with it.

Mrs MELVILLE.

They are still too young to dance well, but without

sans doute qu'elles n'y trouvent pas moins de plaisir.

doubt they nevertheless find great pleasure in it.

mad. D'ORVAL.

Mrs D'ORVAL.

Au contraire, madame, elles sont très-fortes à la danse; mon aînée rivaliseroit avec la meilleure élève de l'Opéra.

On the contrary, ma'am, they are very skilful in dancing, my eldest could rival the best dancer at the Opera.

mad. MELVILLE.

Mrs MELVILLE.

Mettez-vous un grand prix à ce genre de talent, madame?

Do you set a great value upon that accomplishment, madam?

mad. D'ORVAL.

Mrs D'ORVAL.

Très-grand, c'est ma passion; je ne trouve rien de si charmant qu'une petite fille bien parée, et fixant l'attention de tout le monde dans une assemblée.

Very great, it is my leading passion. I find nothing so charming as a little girl who is well drest, fixing the attention of every body in an assembly.

M. MEYER.

Mr MEYER.

Permettez-moi de vous dire, cependant, madame, que le bon goût et le bon ton finiront par fixer une différence entre la danse théâtrale et celle d'une demoiselle bien élevée.

Yet, permit me to tell you, ma'am, that good taste, and fashion will in the end, set a great difference between theatrical dancing and that of a well educated young lady.

mad. D'ORVAL.

Mrs D'ORVAL.

Je n'entre pas dans cette discussion, monsieur, je suis mon goût, cela me suffit.

I shall not enter into that discussion, sir, I follow my own taste that is enough for me.

M. MEYER.

Cela ne suffit peut-être pas au bonheur de votre enfant.

Mr MEYER.

But that is not sufficient perhaps for the happiness of your child.

mad. D'ORVAL.

Ah ! voici la cariole, le jardinier va me rouler.

Mrs D'ORVAL.

Ah ! here is the carriage, the gardener will draw it.

M. BINDAM.

Laissez-nous ce plaisir, madame.

Mr BINDAM.

Permit us to enjoy that pleasure, madam.

mad. D'ORVAL.

Vous le voulez, j'y consens ; mais n'allez pas trop vîte, vous me verseriez, et je mourrois de peur.

Mrs D'ORVAL.

If you desire it, I consent, but do not go too fast ; you would overturn me and I should die with fright.

M. BINDAM.

Avec une voiture si basse et sur un gazon si doux, le danger est fort léger.

Mr BINDAM.

With such a low carriage and on such soft ground there is but little danger.

mad. D'ORVAL.

N'importe ; je l'ai avoué, je suis peureuse à l'excès. Allez moins vîte, vous me brisez la tête.

Mrs D'ORVAL.

Never mind ; I have told you that I am fearful to an excess : go slower, you break my head.

mad. MELVILLE.

Rentrons, mesdemoiselles, je vais chercher les moyens de vous faire achever agréablement la journée.

Mrs MELVILLE.

Let us go in, ladies, I will endeavour to make the rest of the day pass agreeably.

LES JEUX.	**THE CARD TABLE.**

LES MÊMES.	**THE SAME PERSONS.**

mad. MELVILLE.	Mrs MELVILLE.

COMMENT vous trouvez-vous de votre petit voyage en voiture ?	HOW do you find yourself, ma'am, after your little journey ?

mad. D'ORVAL.	M^rs D'ORVAL.

Très-bien, madame, je vous assure ; si je vivois à la campagne, je n'aurois pas d'autre manière de parcourir les jardins ; votre cariole est charmante et très-douce.	Very well, I assure you, madam. If I lived in the country I should never go over the gardens in any other manner ; your little carriage is charming and very easy.

mad. MELVILLE.	Mrs MELVILLE.

Puis-je vous offrir, mesdames, quelques moyens de vous occuper ? Voulez-vous jouer au trictrac, aux échecs ou aux cartes ?	How shall we pass the time, ladies ? Will you play at back-gammon, at chess, or at cards ?

mad. D'ORVAL.	M^rs D'ORVAL.

Au brelan, si vous voulez, madame ; c'est le jeu que je préfère.	At brelan, if you please, madam, I prefer that game.

mad. MELVILLE, *à madame d'Aufort.*	Mrs MELVILLE, *to mistris d'Aufort.*

Jouez-vous au brelan, madame ?	Do you play at brelan, madam ?

mad. D'AUFORT.	M^rs D'AUFORT.

Volontiers, si cela peut vous convenir.	Willingly, if agreeable to you, ma'am.

mad. MELVILLE.

Eh bien, nous sommes cinq, ces deux dames, M. Meyer, M. Bindam et moi. Monsieur Desfosses, voulez-vous bien sonner? (*Un domestique entre.*) Préparez une table de brelan; et vous, mesdemoiselles, passez dans la galerie. Lucie, faites demander votre gouvernante, pour qu'elle reste auprès de vous, et amusez-vous à la manière qui vous plaira le plus; messieurs Balezi et Desfosses auront la complaisance d'être de votre partie.

LUCIE.

A quels jeux jouerons-nous, maman?

mad. MELVILLE.

Consultez ces demoiselles, et que les jeux ne soient pas trop bruyans; allez, mes enfans. Mesdames, les cartes sont prêtes, voulez-vous tirer pour les places?

mad. D'AUFORT.

J'ai le roi.

mad. MELVILLE.

Placez-vous, madame, je vous prie; madame d'Orval a la dame, et se mettra près

Mrs MELVILLE.

Well then we are five: these two ladies, Mr Meyer, Mr Bindam and myself. Mr Desfosses; will you be so kind as to ring the bell. (*A servant enters.*) Place the card-table and you, young ladies, go into the gallery. Lucy, send for your nurse that she may stay with you and your young friends, and amuse yourselves in the manner that pleases you most. Mr Balezi and Mr Desfosses will have the goodness to be of your party.

LUCY.

What shall we play at, mamma?

Mrs MELVILLE.

Consult these young ladies, and don't let your play be too noisy; go, my dears. Ladies, the cards are ready, will you draw for places.

Mrs D'AUFORT.

I have the king.

Mrs MELVILLE.

Place yourself, madam, if you please; mistris d'Orval has the queen and will sit

de vous; moi, j'ai le valet, l'as et le dix se placeront ensuite.

next to you, I have the knave; the ace and the ten will be placed after.

M. BINDAM.

Mesdames, le brelan favori est un valet, je retourne le valet de cœur.

M' BINDAM.

Ladies, the favourite brelan is a knave, I have turned up the knave of hearts.

mad. D'ORVAL.

Je suis du jeu.

M's D'ORVAL.

I play.

mad. D'AUFORT.

Je le tiens. J'ai gagné, madame, j'ai l'as de carreau, je trouve le roi, la dame et le dix, et vous n'avez que trente-neuf.

M's D'AUFORT.

I stand: I have won, madam, I have the ace of diamonds, the king, the queen and the ten, and you have but thirty nine.

mad. D'ORVAL.

Voilà bientôt toutes mes fiches perdues, il faudra en venir à l'argent. Je fais tout.

M's D'ORVAL.

My counters will soon be all lost, I must have recourse to money. I go up.

M. MEYER.

J'ai gagné, madame, par un brelan supérieur; vous avez trois dames, et moi trois rois.

M' MEYER.

I have won, ma'am, by a brelan superior to yours: you have three queens, and I three kings.

mad. D'ORVAL.

Je me cave de quatre louis.

M's D'ORVAL.

I stake four guineas.

mad. MELVILLE.

Ah! c'est beaucoup pour

M's MELVILLE.

Ah! that is a great deal

un jeu si peu considérable que le nôtre.

for so trifling a game as ours.

mad. D'ORVAL.

J'en conviens, mais je suis très-mauvaise tête au brelan.

Mrs D'ORVAL.

I own it, but I am very hot-headed at brelan.

mad. D'AUFORT.

Vous perdez toujours, madame, cela est cruel.

Mrs D'AUFORT.

You always lose, ma'am, that is very disagreeable.

mad. D'ORVAL.

Je suis d'un malheur affreux depuis un mois, et cependant je joue tous les soirs; je veux voir combien de temps durera ma mauvaise fortune.

Mrs D'ORVAL.

I have been very unlucky this month, and yet I play every night; I wish to see how long my ill luck will last.

mad. MELVILLE.

Vous gagnez beaucoup, M. Meyer.

Mrs MELVILLE.

You win a great deal Mr Meyer.

M. MEYER.

Ma mise retirée, j'ai cinq louis de gain.

Mr MEYER.

I have won five guineas more than I laid down.

mad. D'ORVAL.

C'est juste ma perte.

Mrs D'ORVAL.

It is just what I have lost.

M. BINDAM.

Moi, je perds deux écus de six francs.

Mr BINDAM.

I have lost two crown pieces.

mad. MELVILLE.

Je gagne un écu de trois livres.

Mrs MELVILLE.

I have won half a crown.

mad. D'AUFORT.

Et moi le reste.

Mᵣˢ D'AUFORT.

And I the rest.

mad. D'ORVAL.

J'entends nos voitures qui viennent d'avancer, il faut appeler nos enfans.

Mᵣˢ D'ORVAL.

I hear our carriages; we must call our children.

mad. D'AUFORT.

Venez, mesdemoiselles, apprêtez-vous à partir; c'est un moment douloureux, je le sens, que celui où il faut quitter l'aimable Lucie.

Mᵣˢ D'AUFORT.

Come, young ladies, get yourselves ready to go away, the moment of parting will be painful to you, I am sure, when you must leave the amiable Lucy.

ÉLÉONORE.

Ah! très-douloureux, maman: elle est si aimable, si complaisante! Croiriez-vous qu'elle a eu la bonté de jouer des contredanses sur son piano, tout le temps que nous avons voulu danser, mesdemoiselles d'Orval et nous?

ELEONORA.

Ah! very painful, mamma; she is so amiable, so complaisant! would you believe it, she has had the goodness to play country-dances upon her piano all the time the misses d'Orval and ourselves danced.

mad. D'AUFORT.

Rien ne m'étonne, ma chère amie, de la part d'une jeune personne élevée par madame Melville.

Mᵣˢ D'AUFORT.

Nothing astonishes me, my dear, from a young person brought up by mistris Melville.

L U C I E.

Ah! madame, Eléonore est bien bonne de me louer, lorsque j'ai eu tant de plaisir à

L U C Y.

Ah! madam, Eleonora is too good to praise me, when I have had so much pleasure

faire ce qui amusoit mes bonnes amies.

mad. D'AUFORT.

C'est ce plaisir même, ma chère enfant, qui fait à-la-fois l'éloge de votre cœur et de votre éducation.

mad. D'ORVAL.

Allons donc, Fanny, Betsy, où êtes-vous cachées ? Je vous appelle depuis une demi-heure.

LA GOUVERNANTE.

Madame, ces demoiselles se sont enfuies dans le petit cabinet, au bout de la galerie, au moment où vous les aviez appelées ; elles ont trop de chagrin de quitter la partie de jeu.

mad. D'ORVAL.

Allons, mesdemoiselles, finissez ces enfantillages ; venez mettre vos schales, il faut partir.

FANNY.

Ah ! que tu es désagréable, maman, nous allions encore jouer après la danse.

BETTY.

Oui, on avoit arrangé une

---

in doing what was agreeable to my young friends.

Mrs D'AUFORT.

It is that pleasure, my dear child, which makes at the same time the commendation of your heart and education.

Mrs D'ORVAL.

Come, Fanny, Betsy, where are you hidden ? I have been calling you this half hour.

THE NURSE.

Madam, the young ladies ran into the little closet at the end of the gallery the moment you called them ; they are so sorry to leave off playing.

Mrs D'ORVAL.

Come, ladies, let me have no more childishness, put on your shauwls, we must set off.

FANNY.

Ah ! mamma, how disagreeable you are, we were going to play again after dancing.

BETSY.

Yes, we had made a party

partie de colin-maillard, je voulois absolument attraper M. Henri, il est si drôle, il nous a tant fait rire.

FANNY.

Et puis, on auroit joué à cache-cache, ç'auroit été si joli ! nous aurions fait tant de bruit !

mad. D'ORVAL.

Allons, finissez ce bavardage, essuyez votre visage, vous êtes en nage, en vérité.

FANNY.

Ah ! tu as de l'humeur, tu nous grondes ; tu as perdu au brelan, j'en suis sûre. Voilà comme tu es toujours, quand tu perds : vilain brelan !

mad. D'ORVAL.

Finissez, Fanny, ou je vous punirai en rentrant chez moi.

FANNY.

Ah ! bah ! tu n'y penseras plus, j'espère.

mad. D'AUFORT.

Allons, mes filles, prenez

at blind-man's-buff; I wanted to catch Henry, he is so droll, he made us laugh so much.

FANNY.

And afterwards we should have played at hide-and-seek; it would have been so amusing; we should have made such a noise !

Mrs D'ORVAL.

Come, come, no more of your chattering, wipe your face, you are quite in a perspiration.

FANNY.

Ah ! you are out of humour, you scold us. I am sure you have lost at brelan, you are always so, when you lose at that nasty game.

Mrs D'ORVAL.

Be quiet, Fanny, or I will punish you when we get home.

FANNY.

Oh no ! you will think no more of it, I hope.

Mrs D'AUFORT.

Come, my dear girls, take

congé de madame, en la remerciant de la journée agréable qu'elle a bien voulu vous procurer.

leave of mistris Melville, and thank her for the pleasant day you have spent.

mad. MELVILLE.

J'espère qu'elle se renouvellera plusieurs fois, cet été.

Mrs MELVILLE.

I hope it will be renewed many times this summer.

LUCIE, *les embrassant.*

Adieu, mes bonnes amies, je vous vois partir avec bien du regret.

LUCY, *embracing them.*

Fare-well, my dear friends; it grieves me very much to see you go away.

FANNY.

Adieu, Lucie, j'espère qu'une autre fois nous courrons davantage; il faudra dire à maman de ne pas venir dans le jardin pour abréger notre promenade, quelqu'un pourra lui tenir compagnie dans le salon.

FANNY.

Farewell, Lucy, I hope another time we shall run about much more; we must tell mamma not to come into the garden to shorten our walk, some body must keep her company in the parlour.

mad. D'ORVAL.

Il n'y a rien de drôle comme cet enfant.

Mrs D'ORVAL.

There is nothing so droll as that child.

mad. MELVILLE.

Fort drôle, à la vérité.

Mrs MELVILLE.

Very droll indeed.

mad. D'ORVAL.

Bon Dieu, madame d'Aufort est déjà partie; il ne faut pas que les voitures se quittent, nous pourrions être attaquées sur la route.

Mrs D'ORVAL.

Good god! mistris d'Aufort is already gone, our carriages must not be separated, we may be attacked on the road.

M. MEYER.

Elle vous attend, sans doute, madame; mais comptez-vous pour rien notre courage et cette jeunesse à cheval qui vous accompagne ?

M. BINDAM.

Messieurs Desfosses et Balezi retournent-ils à Paris ? nous aurions des places à leur offrir.

M. DESFOSSES.

Monsieur, nous restons ici; nous avons l'avantage d'être regardés comme étant de la maison.

M. BINDAM.

Monsieur, ce doit être un grand bonheur : et vous exprimez très-bien ce que vous pensez certainement.

mad. MELVILLE.

J'espère, monsieur, que vous voudrez bien aussi venir passer quelques jours dans cette retraite.

M. BINDAM.

J'accepte cette proposition, madame, avec reconnoissance. (*Il salue et part.*)

Mr MEYER.

She is without doubt waiting for you, madam, but do you reckon as nothing our courage and that of the young men on horseback who accompany you.

Mr BINDAM.

If Mr Desfosses and Mr Balezy are going to return to Paris, we have places to offer them.

Mr DESFOSSES.

Sir, we stay here, we have the advantage of being looked upon as a part of the family.

Mr BINDAM.

Sir, it is expressing very well what you think, for that certainly must be a great happiness.

Mrs MELVILLE.

I hope, sir, you will also come and spend a few days in this retirement.

Mr BINDAM.

I accept that proposal, madam, with gratitude. (*He takes his leave.*)

mad. MELVILLE.

Je suis un peu fatiguée, messieurs, je vais me retirer avec Lucie; voulez-vous faire une partie d'échecs, avant de vous coucher?

Mrs MELVILLE.

I am rather fatigued, gentlemen, and shall retire with Lucy. Will you play a game at chess before you go to bed?

M. DESFOSSES.

Je vous demande la permission de rester au piano de mademoiselle Lucie; on m'a donné une romance charmante à mettre en musique; je m'amuserai à composer jusqu'à ce que le sommeil vienne me gagner.

Mr DESFOSSES.

I ask your permission, ma'am, to stay at miss Lucy's piano, I have a charming ballad to set to music, and shall amuse myself with composing till sleep steals upon me.

M. BALEZI.

Et moi, madame, si vous voulez me permettre de m'établir dans la bibliothèque, un volume de l'Arioste me prépare toujours la nuit la plus délicieuse.

Mr BALEZI.

And I, ma'am, if you will give me leave, will station myself in the library. A volume of Ariosto always prepares me a most delightful night.

mad. MELVILLE.

Vous savez, messieurs, que mon desir est que chacun fasse chez moi ce qui peut lui plaire davantage. J'ai l'honneur de vous souhaiter le bon soir.

Mrs MELVILLE.

You know, gentlemen, my desire is, that every body should please himself at my house. I have the honor of wishing you a good night.

XXV.

| LE COUCHER. | BED-TIME. |

Mad. MELVILLE, LUCIE, et MARIE.

Mrs MELVILLE, LUCY, and MOLLY.

mad. MELVILLE.

Lucie, priez votre bonne d'aller chercher votre bonnet de nuit, votre camisole ; déshabillez-vous dans ma chambre. Nous avons eu du monde aujourd'hui, vous et moi nous avons sûrement porté des jugemens, j'aime à connoître les vôtres.

Mrs MELVILLE.

Lucy, ask your maid to go and fetch your night-cap and bed-gown ; undress yourself in my chamber : we have seen a great deal of company and have both certainly formed our opinions ; I should like to know yours.

LUCIE.

Ah ! maman, mesdemoiselles d'Aufort sont charmantes ; mais je déteste les petites d'Orval.

LUCY.

Ah mamma ! the misses d'Aufort are charming ; but I detest the little d'Orvals.

mad. MELVILLE.

Ah ! ma Lucie, *détester* est une expression bien dure et entièrement déplacée.

Mrs MELVILLE.

Oh Lucy ! *detest* is a very harsh expression, and quite unbecoming.

LUCIE.

Maman, si vous saviez combien elles ont été importunes ! Ces messieurs ont eu besoin d'une bonté, d'une indulgence ! Elles avoient des

LUCY.

But, mamma, if you knew how troublesome they were ! the gentlemen had occasion for all their goodness and complaisance. They

idées si bizarres, des volontés si drôles, des caprices....

had such whimsical ideas, such queer desires, and such caprices.....

mad. MELVILLE.

Mais, Lucie, ne voyez-vous aucun motif pour les excuser de tant de ridicules?

Mrs MELVILLE.

But, Lucy, do you see no reason to excuse in them such ridiculous behaviour?

LUCIE.

Ah! pardonnez-moi, maman, elles sont bien mal élevées.

LUCY.

Pardon me, mamma, they have been very ill brought up.

mad. MELVILLE.

Eh bien! sont-elles chargées de ce soin?

Mrs MELVILLE.

Well, but is it their fault?

LUCIE.

Ah! non sûrement; il n'y a pas de jeune personne qui puisse s'élever elle - même; mais alors la faute retombe sur la mère, et comment l'excuserez - vous, lorsque vous me défendez de juger les filles avec sévérité?

LUCY.

Ah! no, surely, no young person can educate herself; but then the fault falls upon the mother, and how can I excuse her, since you forbid me to judge her daughters with severity?

mad. MELVILLE.

Par les mêmes raisons, son éducation doit avoir été très-mauvaise; et mariée trop jeune, elle a été gâtée dans la société où elle s'est trouvée placée.

Mrs MELVILLE.

By the same rule her education must have been very much neglected, and being married too young, has been spoilt in the society in which she happened to be placed.

LUCIE.

Vous attribuez tout à l'éducation?

mad. MELVILLE.

Généralement ; mais ce principe n'est pourtant pas sans exception. Il y a des défauts si graves, que les plus grands soins dans les instituteurs ne peuvent les faire disparoître ; il y a de même quelquefois des enfans qui ont des sentimens si élevés, si nobles, si purs, que, livrés à eux-mêmes et ayant l'esprit juste, ils rectifient les vices de leur éducation ; mais combien ils seroient plus parfaits encore, s'ils avoient eu le bonheur de tomber jeunes dans des mains sages et faites pour les diriger !

LUCIE.

Maman, toutes les choses blâmables que nous avons pu remarquer dans ces dames, ne sont point des vices, ce sont simplement des défauts.

mad. MELVILLE.

Oui, et qui n'existeroient pas, si elles avoient eu une bonne éducation. La maman, par exemple, ne seroit pas importune comme elle l'est à la promenade. J'espère que

LUCY.

You attribute every thing to education.

Mrs MELVILLE.

In general ; but this rule is not without exceptions. There are defects of so serious a nature, that the greatest care in the parents or teachers is not sufficient to eradicate them ; there are also young people born with such elevated, noble and pure sentiments, that being left to themselves and having just ideas, they rectify the defects of their education ; but how much more perfect would they have been, if they had fallen into the hands of people capable of directing them !

LUCY.

Mamma, every thing that is blamable which we may have remarked in those ladies, are not vices, they are only failings.

Mrs MELVILLE.

Yes, and would not have existed if they had had a good education. The mother, for instance, would not have been so troublesome as she was when we took a walk.

ma Lucie n'aura jamais peur d'un crapaud , d'une chenille, d'une araignée ; on ne peut pas les aimer comme un joli serin ou une fauvette , mais ils ne font aucun mal , et l'on se borne à les éloigner de soi, sans grimaces et sans cris désagréables pour les autres.

LUCIE.

Comme elle me fâchoit, cette madame d'Orval, toutes les fois qu'elle dédaignoit les plaisirs de la campagne !

mad. MELVILLE.

Sans moyens de s'occuper, les gens riches doivent nécessairement préférer le bruit et les plaisirs des grandes villes. Mon jardin est charmant, mais si nous y restions sans rien faire depuis sept heures du matin jusqu'à neuf heures du soir, nous en serions trèspromptement ennuyées.

LUCIE.

Ah ! nous n'avons pas ce tort-là, assurément, car nous y allons bien peu le matin et le soir.

mad. MELVILLE.

Mais toujours avec un très-

I hope my Lucy will never be frightened at a toad , a caterpillar or a spider ; one cannot like them so well as a pretty canary bird, or a tomtit ; but they do us no harm , and one is satisfied with keeping them at a distance without grimaces and screams which are so disagreeable to other people.

LUCY.

How that M^{rs} d'Orval vexed me every time she disdained the pleasures of the country.

Mrs MELVILLE.

Without the means of employment , rich people must of course prefer the bustle and pleasures of large towns. My garden is delightful, but if we remained in it from seven o'clock in the morning, till nine at night, without doing any thing, we should be very soon tired of it.

LUCY.

Ah ! that certainly is not our failing, for we only go into it a little in the morning and evening.

Mrs MELVILLE.

But always with very great

grand plaisir; et notre journée est si bien employée, que nous n'avons pas le temps de laisser arriver l'ennui jusqu'à nous.

pleasure, and our day is so well employed that we have not time to permit ourselves to be overcome by weariness.

LUCIE.

Pour vous, maman, qui avez de plus tant de détails utiles relatifs à votre ménage; mais pour moi, quand j'étudie, l'ennui vient quelquefois me tenir compagnie.

LUCY.

It may be so with you, mamma, who have so many particulars concerning your house-keeping to look after, but as for me, when I study, I am often very weary.

mad. MELVILLE.

J'aime votre sincérité; mais je parie que lorsque vous étudiez avec ardeur, avec le désir de savoir promptement, eh bien! le temps passe avec une rapidité qui vous étonne.

Mrs MELVILLE.

I am pleased with your sincerity, but will lay a wager, that when you study with attention and with a desire to learn quickly and well, the time passes with a rapidity that astonishes you.

LUCIE.

Eh bien! cela est encore vrai; et j'en conviens, tout comme j'avoue les petits momens d'ennui.

LUCY.

Well, that is very true, I own it, just as I did my short moments of weariness.

mad. MELVILLE.

Vous savez à présent le moyen de les éloigner, ne négligez pas d'en faire usage. Mais parlons de madame d'Aufort et de ses filles, il est bien plus agréable d'avoir à profiter d'un bon exemple,

Mrs MELVILLE.

You now know the method of avoiding them, do not neglect to make use of it. But let us talk of Mrs d'Aufort and her daughters, it is much more agreeable to be able to profit from a good

que d’avoir à se garantir de ceux qui pourroient être mauvais.

example, than to have to protect ourselves from a bad one.

LUCIE.

Ah ! maman, mesdemoiselles d’Aufort sont vraiment charmantes ; l’aînée a joué avec nous ; d’après ce qu’elle m’a dit, en répondant à mes questions avec beaucoup de modestie, elle est très-avancée dans toutes les parties de son éducation : la cadette est bien petite, mais elle est douce et polie, c’est tout ce qu’on peut attendre de son âge.

LUCY.

Ah ! mamma, the misses d’Aufort are really charming, the eldest played with us. From the answers she made to my questions, with a great deal of modesty, I find she is very far advanced in every branch of her education, the youngest is very little, but she is mild and polite, that is all one can expect at her age.

mad. MELVILLE.

Madame d’Aufort est une femme bien née, formée par le malheur, possédant toutes les qualités qui distinguent notre sexe. J’en ai toujours entendu faire l’éloge, et puisqu’elle aime la campagne, je l’inviterai à venir passer ici quelque temps.

Mrs MELVILLE.

M^{rs} d’Aufort is a woman of high birth, formed by misfortunes, and possessing every qualification, that distinguishes our sex. I have always heard her praised, and as she is fond of the country I will invite her to come and spend some time here.

LUCIE.

Ah ! cela me fera un très-grand plaisir.

LUCY.

Ah ! that will give me very great pleasure.

mad. MELVILLE.

Vous en retirerez même de l’avantage, par l’émulation que vous donneront ses

Mrs MELVILLE.

You will even receive advantage from it, from the emulation with which her

filles ; c'est la seule chose qui manque à l'éducation qu'une mère peut donner.

daughters will inspire you ; it is the only thing wanting in a private education.

LUCIE.

LUCY.

Aurons-nous du monde demain, maman ?

Shall we have company to morrow, mamma ?

mad. MELVILLE.

Mrs MELVILLE.

Non, personne, que vos maîtres, ma chère enfant. La société ne s'accorde point avec l'étude nécessaire à votre âge. Si toutes nos journées ressembloient à celle-ci, je ne vous garderois point auprès de moi.

No body, but your masters, my dear child, society does not agree with the application so necessary at your age. If all our days resembled this, I would not keep you with me.

LUCIE.

LUCY.

Ah ! maman, vivons bien éloignées du monde, mais que je ne vous quitte jamais.

Ah ! mamma, let us live retired from the world, but pray never let me leave you.

mad. MELVILLE.

Mrs MELVILLE.

Venez m'embrasser, Lucie, retirez-vous avec votre bonne ; et avant de vous coucher, n'oubliez pas votre prière, faites-la avec sincérité, sentez profondément tout ce que vous devez de reconnoissance à Dieu, tout ce que vous avez à lui demander ; aimez-le tendrement ; rapportez à lui toutes vos bonnes actions ; il entretiendra dans votre ame, votre amour pour vos pa-

Come and kiss me, Lucy, retire with your Maid, and before you go to bed do not forget to say your prayers ; offer them with sincerity and with a deep sense of the gratitude you owe to God, and of all that you have to ask of him ; love him tenderly, ascribe to him all your good actions, he will preserve in your soul a love for your parents, a fear of displeasing

rens, votre crainte de leur déplaire, et fera résider toutes les vertus dans votre jeune cœur. Bon soir, ma chère Lucie.

them, and make your young heart the residence of every virtue. Good night, my dear Lucy.

FIN.

TABLE DES CONVERSATIONS.

ERRATA.

Page   5, *ligne* 5, of work............ *lisez* for work
— *ibid.* — 12, hear...................... hark
— 19, — 6, saches.................... sashes
— 35, — 2, Peter..................... Peter's
— 59, — 16, procure.................. procures
— 44, — 13, affraid.................. afraid
— 49, — 16, recken.................. reckon
— 51, — 15, of a year.............. a year
— 53, — 16, violon................. violin
— 75, — 15, clever................. clever
— 76, — 19, frekled............... freckled
— 89, — 16, its importance........ as importance
— 91, — 21, education,........... education ?
— 116, — 10, to day,............. today ?
— 121, — 11, glud................ glad
— 122, — 25, campany............. company
— 124, — 9, leagues............. leagues
— *ibid.* — 11, leagnes.......... leagues
— 158, — 8, work-bag........... work-bag ?
— *ibid.* — 20, mamas........... mamma's

N. B. Le lecteur voudra bien substituer au mot *mistris*, l'abbréviation Mrs.